今注本二十四史

漢書

漢 班固 撰 唐 顏師古 注

孫曉 主持校注

中國社會科學出版社

六

表〔四〕

漢書　卷一八

外戚恩澤侯表第六

　　自古受命及中興之君，[1]必興滅繼絕，脩廢舉逸，然後天下歸仁，四方之政行焉。[2]傳稱武王克殷，追存賢聖，至乎不及下車。[3]世代雖殊，其揆一也。[4]高帝撥亂誅暴，[5]庶事草創，[6]日不暇給，然猶脩祀六國，求聘四皓，過魏則寵無忌之墓，適趙則封樂毅之後。[7]及其行賞而授位也，爵以功爲先後，官用能爲次序。後嗣共己遵業，舊臣繼踵居位。[8]至乎孝武，[9]元功宿將略盡。會上亦興文學，進拔幽隱，公孫弘自海瀕而登宰相，[10]於是寵以列侯之爵。又疇咨前代，[11]詢問耆老，初得周後，復加爵邑。[12]自是之後，宰相畢侯矣。元、成之間，晚得殷世，以備賓位。[13]

　　[1]【今注】受命：受天之命。古代帝王爲强調統治的合法性，常自稱受命於天。　中興：指王朝由衰落而重新振興。

　　[2]【顏注】師古曰：《論語》孔子陳帝王之法云“審法度，脩廢官，四方之政行焉；興滅國，繼絕世，舉逸民，天下之人歸心焉”。故此序引之也。【今注】興滅繼絕脩廢舉逸：復興滅亡的諸侯，接續斷絕的世系，恢復廢置的官職，舉薦隱逸的賢者。

　　[3]【顏注】師古曰：《禮記》云“武王克殷，未及下車而封

黄帝之後於薊，封帝堯之後於祝，封帝舜之後於陳"。此其事也。

[4]【今注】揆：準則、道理。

[5]【今注】撥：治理。

[6]【今注】庶：衆。

[7]【顏注】師古曰：《高紀》十二年詔云："秦皇帝、楚隱王、魏安釐王、齊愍王、趙悼襄王皆絶無後。其與秦皇帝守冢二十家，楚、魏、齊各十家，趙及魏公子無忌各五家。"《張良傳》高帝謂四人曰："吾求公，公避逃我，今公何自從吾兒游乎？"又《高紀》十年"求樂毅有後乎，得其孫叔，封之樂鄉，號華成君也"。楚、魏、齊、趙皆舊六國，故總云六國。四皓須眉皓白，故謂之四皓。稱號在《王貢兩龔鮑傳》。

[8]【顏注】師古曰：共讀曰恭。【今注】共己：同"恭己"。端正自身，無爲而治。　遵業：遵守世業。

[9]【今注】案，乎，大德本、殿本同，蔡琪本作"虖"。

[10]【顏注】師古曰：海瀕，謂近海之地。瀕音頻，又音賓。

[11]【今注】疇咨：疇，誰；咨，訪問。用作訪問、訪求之意。出自《尚書·堯典》："帝曰：'疇咨若時登庸。'"

[12]【今注】案，楊樹達《漢書窺管》：本書卷六《武紀》武帝元鼎四年（前113），封周後姬嘉爲周子南君。

[13]【今注】案，楊樹達《漢書窺管》：本書卷一〇《成紀》成帝綏和元年（前8），封殷後孔吉爲殷紹嘉侯。

　　漢興，外戚與定天下，侯者二人。[1]故誓曰："非劉氏不王，若有亡功非上所置而侯者，天下共誅之。"是以高后欲王諸呂，王陵廷争；孝景將侯王氏，脩侯犯色。[2]卒用廢黜。是後薄昭、竇嬰、上官、衛、霍之侯，以功受爵。其餘后父據《春秋》襃紀之義，[3]帝舅緣《大雅》申伯之意，[4]寖廣博矣。[5]是以別而叙之。[6]

[1]【顏注】服虔曰：呂后兄周呂侯澤、建成侯釋之。師古曰：與讀曰豫，言豫其功也。

[2]【顏注】師古曰：脩音條。

[3]【顏注】應劭曰：《春秋》：天子將納后於紀，紀本子爵也，故先襃爲侯，言王者不取於小國。【今注】案，王先謙《漢書補注》引沈欽韓曰："《公羊·桓二年傳》注紀侯'稱侯者，天子將娶於紀，與之奉宗廟，重莫大焉，故封之百里，明當尊而不臣'。"

[4]【顏注】應劭曰：申伯，周宣王元舅也，爲邑於謝。後世欲光寵外親者，緣申伯之恩，援此義以爲諭也。

[5]【顏注】師古曰：寖，漸也。【今注】案，王先謙《漢書補注》引何焯曰："廣博，言其濫。"

[6]【今注】案，王先謙《漢書補注》引何焯曰："皆不應功臣本約，不可傅前二表之後，故別叙之。"

號謚姓名[1]	臨泗侯呂公[2]	周呂令武侯澤[3]
侯狀戶數	以漢王后父賜號。	以客從入漢,[4]定三秦,將兵下碭,漢王敗彭城,往從之,佐定天下。
始封	元年封,四年薨,高后元年追尊曰呂宣王。	六年正月丙戌封,三年薨。
子		侯台嗣,高祖九年更封爲酈侯,[5]四年,高后元年,爲呂王,二年薨,謚曰肅,追尊令武曰悼武王。[6]
孫		腄[7] 三年,王嘉嗣,坐驕廢。侯通,嘉弟,六年四月丁酉封,八年,爲燕王,九月,反,誅。
曾孫		
玄孫		

	汶 侯産，台弟，高后元年四月辛卯封，六年，爲呂王，七年，爲梁王，八年，反，誅。[11]
東平[8] 侯庀[9]，通弟，八年五月丙辰封，九月，反，誅。[10]	

建成康侯釋之[12]

以客從擊秦。漢王入漢，使釋之歸豐衞大上皇。[13]

六年四月丙戌封，九年薨。[14]

孝惠二年，侯則嗣，七年，有罪，免。則弟種，高后元年四月乙酉封，奉呂宣王國，[15]七年，更爲不其侯，[16]八年，反，誅。

	右高祖三人。	扶柳侯吕平[18]
		以皇大后姊長姁子侯。[19]
		元年四月丙寅封，八年，反，誅。
漢陽[17] 侯禄，種弟，高后元年九月丙寅封，八年，爲趙王，追尊康侯曰趙昭王，九月，反，誅。		

襄城侯義[20]	軹侯朝[21]	壺關侯武[22]
以孝惠子侯。	以孝惠子侯。	以孝惠子侯。
四月辛卯封，三年，爲常山王。	四月辛卯封，四年，爲常山王。	四月辛卯封，六年，爲淮陽王。

昌平[23]侯大	贅其侯吕勝[24]	滕侯吕更始[26]
以孝惠子侯。	以皇大后昆弟子淮陽丞相侯。	爲舍人郎中十二歲，以都尉屯霸上，[27]用楚丞相侯。
二月癸未封，七年，爲吕王。	四月丙申封，[25]八年，反，誅。	四月内申封，八年，[28]反，誅。

吕成侯吕忿[29]	祝兹侯吕瑩[32]	建陵侯張釋寺人[34]	右高后十五人。五人隨父，凡十五人。
以皇太后昆弟子侯。	以皇太后昆弟子侯。	以大謁者勸王諸吕侯。[35]	
一月丙申封，[30]八年，[31]反，誅。	八年四月丁酉封，九月，[33]反，誅。	四月丁酉封，九月，免。	

軹侯薄昭[36]	鄔侯駟鈞[40]
高祖七年爲郎，[37]從軍十七年，以中大夫迎帝於代，[38]以車騎將軍迎皇大后，[39]侯，萬户。	以齊王舅侯。
元年正月乙巳封，十年，坐殺使者，自殺。帝臨，爲置後。	四月辛木封，八年，坐濟北王興居舉兵反弗救，免。
十一年，易侯戎奴嗣，三十年薨。	
建元二年，侯梁嗣。	

周陽侯趙兼[41]	右孝文三人。	章武景侯竇廣國[42]
以淮南王舅侯。		以皇太后弟侯，萬一千戶。[43]
四月辛未封，六年，有罪，免。		孝文後七年六月乙卯封，七年薨。
		孝景七年，共侯定嗣，[44]十八年薨。
		元光三年，侯常生嗣，[45]十年，元狩元年，坐謀殺人未殺，免。

南皮侯竇彭祖[46]	魏其侯竇嬰[50]
以皇太后兄子侯。[47]	以將軍屯滎陽扞破吳楚七國侯。[51]皇太后昆弟子。
六月乙卯封，二十一年薨。[48]	二年六月乙巳封，[52]二十三年，元光四年，有罪，棄市。
建元六年，夷侯良嗣，五年薨。	
元光五年，侯桑林嗣，十八年，元鼎五年，坐酎金免。[49]	

蓋靖侯王信[53]	右孝景四人。	武安侯田蚡[56]
以皇后兄侯。		以皇太后同母弟侯。
中五年五月甲戌封，二十五年薨。[54]		孝景後三年三月封，十年薨。
元光三年，頃侯充嗣。		元光四年，侯恬嗣，五年，元朔三年，坐衣襜褕入宫，不敬，免。[57]
侯受嗣，元鼎五年坐酎金免。[55]		

周陽懿侯田勝	長平烈侯衞青[59]
以皇太后同母弟侯。	以將軍擊匈奴取朔方侯，後破右賢王，益封，又封三子。[60]皇后弟。
三月封，十二年薨。	元朔二年三月丙辰封，[61]二十三年薨。
元光六年，侯祖嗣，八年，元狩三年，坐當釱侯宅不與，免。[58]	宜春 侯伉，五年四月丁未以青功封，元鼎元年坐撟制不害免，[62]太初元年嗣侯，五年蘭入宮，[63]完爲城旦。[64]

陰安[65] 侯不疑，四月丁未以青功封，十二年，元鼎五年，[66]坐酎金免。	發干[67] 侯登，四月丁未以青功封，坐酎金免。
	元康四年，詔賜青孫錢五十萬，復家。
	永始元年，[68]青曾孫玄以長安公乘爲侍郎。[69]
	元始四年，賜青玄孫賞爵關内侯。[70]

平津獻侯公孫弘[71]
以丞相詔所襃侯，三百七十三户。[72]
元朔三年十一月乙丑封，八年薨。[73]
元狩三年，侯度嗣，[74]十三年，元封四年，坐爲山陽大守詔徵鉅野令史成不遣，完爲城旦。
高城[75]

冠軍景桓侯霍去病[76]	
以校尉擊匈奴侯，[77]後以將軍破祁連迎昆邪王，益封。皇后姊子。[78]	
六年四月壬申封，七年薨。	
南陽 元鼎元年，哀侯嬗嗣，七年薨，亡後。[79]	
樂平[80] 侯山，地節三年四月癸巳以從祖祖父大將軍光功封，三千戶，四年，坐謀反誅。[81]	冠陽[82] 侯雲，山弟，三年四月戊申以大將軍光功封，千八百戶，四年，坐謀反誅。
東郡	南陽

周子南君姬嘉[83]	
以周後詔所襃侯，三千户。	
元鼎四年十一月丁卯封，六年薨。	
元封四年，君置嗣，[84]二十四年薨。	
始元四年，君當嗣，十六年，地節三年，坐使奴殺家丞，棄市。	元康元年三月丙戌，君延年以當弟紹封，初元五年正月癸巳，更封爲周承休侯，位次諸侯王，二十九年薨，謚曰考。
	建昭三年，質侯安嗣，四年薨。[85]
長社	陽朔二年，釐侯世嗣，八年薨。

	樂通侯欒大[89]
	以方術詔所襃侯，三千戶。
	四年四月乙巳封，五年，坐罔上，要斬。
六世 永始二年，侯黨嗣，七年，綏和元年，進爵爲公，地滿百里；元始四年，爲鄭公，[86]王莽篡位，爲章牟公。	
七世 天鳳元年，公常嗣，建武二年五月戊辰更爲周丞休侯。[87]	
八世 五年，侯武嗣，十三年，更爲衞公。	
觀[88]	高平

牧丘恬侯石慶[90]	富民定侯車千秋[93]	右孝武九人。三人隨父，凡十二人。
以丞相及父萬石積行侯。	以丞相侯，八百戶，以遺詔益封，凡千六百戶。	
五年九月丁丑封，十年薨。	征和四年八月丁巳封，十二年薨。	
太初三年，侯德嗣，二年，天漢九年，[91]坐爲太常失法罔上，[92]祠不如令，完爲城旦。	元鳳四年，侯順嗣，六年，本始三年，坐爲虎牙將軍擊匈奴詐增虜獲，[94]自殺。[95]	
平原	蘄	

博陸宣成侯霍光[96]	安陽侯上官桀[100]
以奉車都尉捕反者莽何羅侯，[97]二千三百五十戶，後以大將軍益封，萬七千二百戶。	以騎都尉捕反者莽何羅侯，[101]二千三百戶。[102]女孫爲皇后。
始元二年正月壬寅封，十七年薨。	正月壬寅封，五年，元鳳元年，反，誅。
地節二年四月癸巳，侯禹嗣，四年，謀反，要斬。	桑樂侯安[103] 始元五年六月辛丑以皇后父車騎將軍封，千五百戶，二年，反，誅。
元始二年四月乙酉，侯陽以光從父昆弟之曾孫龍勒士伍紹封，[98]三千戶，王莽篡位，絕。	
北海河間東郡[99]	蕩陰[104] 千乘[105]

宜春敬侯王訢[106]	安平敬侯陽敞[113]
以丞相侯，子譚與大將軍光定策，[107]益封，坐法削户五百，定六百八户。	以丞相侯，七百户，與大司馬大將軍光定策，益封子忠，凡五千五百四十七户。
元鳳四月二月乙丑封，一年薨。[108]	六年二月乙丑封，一年薨。
元鳳六年，康侯譚嗣，四十五年薨。	元平元年，頃侯忠嗣，[114]十一年薨。
建始二年，[109]孝侯咸嗣，十八年薨。[110]	元康三年，侯譚嗣，[115]九年，五鳳四年，坐爲典屬國季父惲有罪，[116]譚言誹，[117]免。
元延元年，釐侯章嗣，十八年薨。[111]	
建平三年，侯彊嗣，[112]二十六年，更始元年，爲兵所殺。 汝南	汝南

富平敬侯張安世[118]
以右將軍光禄勳輔政勤勞侯,[119]以車騎將軍與大將軍光定策, 益封, 凡萬三千六百四十户。
十一月乙丑封, 十三年薨。
陽都[120] 元康四年, 愛侯延壽嗣, 十一年薨。元康三年三月乙未, 侯彭祖以世父故掖庭令賀有舊恩封,[121]千六百户, 四年, 神爵三年, 爲小妻所殺。
甘露三年, 繆侯敞嗣, 四年薨。[122]
初元二年, 共侯臨嗣, 十五年薨。
思侯放嗣, 三十六年薨。[123] 平原

	陽平節侯蔡義[125]	右孝昭六人，一人桑樂侯隨父，凡七人。
	以丞相侯，前爲御史大夫與大將軍光定策，益封，凡七百户。	
	元平元年九月戊戌封，三年，本始三年薨，亡後。[126]	
六世 建平元年，侯純嗣，王莽建國四年更爲張鄉侯，建武中爲武始侯。		
今見[124]		

營平壯侯趙充國[127]	平丘侯王遷[130]
以後將軍與大將軍光定策功侯,[128]千二百七十九戶。	以光禄大夫與大將軍光定策功侯,[131]千二百五十三戶。[132]
本始元年八月辛未封,二十二年薨。	八月辛未封,五年,地節一年,坐平尚書聽請受臧六百萬,自殺。[133]
甘露三年,質侯弘嗣,二十二年薨。	
建始四年,考侯欽嗣,七年薨。	
陽朔三年,侯岑嗣,十二年,元延三年,坐父欽詐以長安女子王君俠子爲嗣,免。戶二千九百四十四。[129]	
濟南	肥城

昌水侯田廣明[134]	陽城侯田延年[139]
以鴻臚擊武都反氐賜爵關内侯,[135]以左馮翊與大將軍光定策侯,[136]二千七百户。	以大司農與大將軍光定策功侯,[140]二千四百五十三户。
八月辛未封,三年,[137]坐爲祁連將軍擊匈奴不至期,[138]自殺。	八月辛未封,二年,坐爲大司農盜都内錢三千萬,自殺。[141]
於陵	濟陽

爰氏肅侯便樂成[142]	扶陽節侯韋賢[146]
以少府與大將軍光定策功侯，二千三百二十七户。[143]	以丞相侯，七百一十一户。
八月辛未封，一年薨。[144]	三年六月甲辰封，十年薨。
本始二年，康侯輔嗣，三年薨。[145]	神爵元年，共侯玄成嗣，九年，有罪，削一級爲關内侯，永光二年二月丁酉復以丞相侯，六年薨。[147]
地節元年，哀侯臨嗣，二年薨，亡子，絶。	建昭三年，頃侯寬嗣。
元始五年閏月丁酉，侯鳳以樂成曾孫紹封，千户，王莽敗，絶。	元延元年，釐侯育嗣。
單父	侯湛嗣，[148] 元始中户千四百二十，王莽敗，絶。 蕭

平恩戴侯許廣漢[149]

以皇太子外祖父昌成君侯，五千六百户。

地節三年四月戊申封，七年薨，亡後。

初元元年，共侯嘉以廣漢弟子中常侍紹侯，[150]二十二年薨。

河平二年，嚴侯況嗣。[151]

鴻嘉二年，質侯且嗣，二十九年薨。[152]

建國四年，侯敬嗣，王莽敗，絕。

高平憲侯魏相[153]	平昌節侯王無故[157]
以丞相侯，八百一十三户。	以帝舅關内侯侯，六千户。[158]
地節三年六月壬戌封，[154]八年薨。	四年二月甲寅封，九年薨。
神爵三年，侯弘嗣，[155]六年，甘露元年，坐酎宗廟騎至司馬門，[156]不敬，削爵一級爲關内侯。	五鳳元年，考侯接嗣，十六年薨。
	永光三年，釐侯臨嗣，二十一年薨。
	鴻嘉元年，侯獲嗣，三十八年，建武五年，詔書復獲。[159]
柘	

樂昌共侯王武[160]	陽城繆侯劉德[163]
以帝舅關内侯侯，六千戶。[161]	以宗正關内侯行謹重爲宗室率[164]侯，子安民以戶五百贖弟更生罪，減一等，[165]定戶六百四十戶。
二月甲寅封，[162]十四年薨。	四年三月甲辰封，十年薨。[166]
甘露二年，戾侯商嗣，二十七年薨。	五鳳二年，節侯安民嗣，八年薨。[167]
河平四年，侯安嗣，二十七年，元始三年，爲王莽所殺。	初元元年，釐侯慶忌嗣，二十一年薨。[168]
	居攝元年，侯颯嗣，王莽敗，絕。[169]
汝南	汝南

樂陵安侯史高[170]	
以悼皇考舅子侍中關內侯與發霍氏姦侯，二千三百户。[171]	
八月乙丑封，二十四年薨。	武陽頃侯丹[172]
永光二年，嚴侯術嗣，十一年薨。	鴻嘉元年四月庚辰，以帝爲太子時輔導有舊恩侯，千三百户，七年薨。[173]
建始二年，康侯崇嗣，四年薨，亡後。元延二年六月癸巳，侯淑以崇弟紹封，亡後。	永始四年，煬侯邯嗣，十二年薨。
元始四年，侯岑以高曾孫紹封，王莽敗，絕。	元壽二年，侯獲嗣，更始元年爲兵所殺。
	郟

邛成共侯王奉光[174]	
以皇后父關內侯侯，二千七百五十户。	
元康二年二月癸未封，十八年薨。[175]	安平夷侯舜[179]
初元二年，侯敞嗣，一十八年薨。[176]	初元元年癸卯以皇太后兄侍中中郎將封，[180]千四百户，十三年薨。[181]
鴻嘉二年，[177]侯勳嗣，十四年，建平二年，坐選舉不以實，罵廷史，大不敬，免。[178]	建昭四年，剛侯章嗣，十四年薨。
元始元年，侯堅固以奉光曾孫紹封，王莽敗，絕。	陽朔四年，釐侯淵嗣，二十五年薨。
濟陰	元始五年，懷侯買嗣，王莽敗，絕。

將陵哀侯史曾[182]	平臺康侯史玄[185]
以悼皇考舅子侍中中郎將關内侯有舊恩侯,[183]二千二百户。	以悼皇考舅子侍中中郎將關内侯有舊恩侯,千九百户。
三月乙未封,五年,神爵四年薨,亡後。[184]	三月乙未封,二十五年薨。[186]
	建昭元年,戴侯恁嗣,十九年薨。[187]
	鴻嘉二年,侯習嗣。
	常山

博望頃侯許舜[188]	
以皇太子外祖父同産弟長樂衛尉有舊恩侯,[189]千五百户。	
三月乙未封,四年薨。	
神爵三年,康侯敞嗣,八年薨。[190]	
甘露三年,戾侯黨嗣,二十六年薨。	
河平四年,釐侯並嗣,薨,亡後。	元延二年六月癸巳,侯報子以並弟紹封,千户,王莽敗,絶。

樂成敬侯許延壽[191]	
以皇太子外祖父同産弟侍中關内侯有舊恩侯，千五百户。[192]	
三月乙未封，十年薨。[193]	
甘露元年，恩侯湯嗣，[194]六年薨。	
初元二年，哀侯常嗣，九年薨。	元延二年，節侯恭以常弟紹封，千户。[195]
	建昭元年，康侯去疾嗣，[196]二十一年，鴻嘉三年薨，亡後，侯脩嗣，王莽敗，絶。
平氏	

博陽定侯丙吉[197]

以御史大夫關内侯有舊恩功德茂侯，千三百三十户。

元康三年二月乙未封，[198]八年薨。

五鳳三年，顯嗣，[199]二年，甘露元年坐酎宗廟騎至司馬門，不敬，奪爵一級爲關内侯。

鴻嘉元年六月己巳，康侯昌以吉孫紹封。

元始一年，釐侯並嗣。[200]

侯勝客嗣，王莽敗，絶。[201]
南頓

建成定侯黃霸[202]	西平安侯于定國[207]	右孝宣二十人。一人陽都侯隨父，凡二十一人。
以丞相侯，六百戶，侯賞以定陶太后不宜立號，益封，二千二百戶。[203]	以丞相侯，六百六十戶。	
五鳳三年二月壬申封，四年薨。[204]	甘露三年五月甲子封，[208]十一年薨。	
甘露三年，思侯賞嗣，三十年薨。	永光四年，頃侯永嗣，二十七年薨。[209]	
陽朔四年，忠侯輔嗣，二十七年薨。[205]	鴻嘉元年，侯恬嗣，四十三年，更始元年絕。	
居攝二年，侯輔嗣，[206]王莽敗，絕。		
沛	臨淮	

陽平頃侯王禁[210]	
以皇后父侯，二千六百户，子鳳以大將軍益封五千四百户，凡八千户。	
初元元年三月癸卯封，八年薨。	安成共侯崇[215]
永光二年，[211] 敬成侯鳳嗣，二十七年薨。[212]	建始元年二月壬子，[216] 以皇太后母弟散騎光禄大夫關内侯侯，[217] 萬户，一年薨。[218]
陽朔二年，[213] 釐侯襄嗣，十九年薨。[214]	建始三年，靖侯奉世嗣，三十九年薨。
建平四年，康侯岑嗣，十三年薨。	建國二年，侯持弓嗣，王莽敗，絶。
建國三年，侯莫嗣，十二年，更始元年，爲兵所殺。 東郡	汝南

平阿安侯譚[219]	成都景成侯商[220]
河平二年六月乙亥，以皇太后弟關內侯侯，二千一百戶，十一年薨。	六月乙亥，以皇大后弟關內侯侯，二千戶，以大司馬益封二千戶，十六年薨。[221]
永始元年，刺侯仁嗣，十九年，爲王莽所殺。	元延二年，侯況嗣，四年，綏和二年，坐山陵未成置酒歌舞，免。
元始四年，侯述嗣，建武二年薨，絶。	
沛	山陽

	紅陽荒侯立[223]
	六月乙亥封，以皇大后弟關内侯侯，二千一百户，三十年薨。[224]
建平元年，侯邑以況弟紹封，王莽篡位，爲陰信公，與莽俱死。[222]	元始四年，侯柱嗣，王莽敗，絶。
	曾孫 武桓侯泓，[225]建武元年以父丹爲將軍戰死，往與上有舊，侯。
	南陽

曲陽煬侯根[226]	高平戴侯逢時[229]
六月乙亥，以皇大后弟關内侯，[227]三千七百户，再以大司馬益封七千七百户，[228]哀帝又益二千户，凡萬二千四百户，二十一年薨。	六月乙亥，以皇大后弟關内侯侯，三千户，十八年薨。
建平元年，侯涉嗣，王莽篡位，爲直道公，爲莽所殺。	元延四年，侯置嗣，[230]王莽敗，絶。
九江	臨淮

新都侯莽^[231]	

新都侯莽^[231]

永始元年五月乙未，^[232]以帝舅曼子侯，千五百户，後篡位，誅。

襃新^[233]　　侯安，元年四年四月甲子以莽功侯，^[234]二千户，莽篡位，爲信遷公，病死。

賞都　　侯臨，四月甲子以莽功侯，二千户。莽篡位爲天子後爲統義陽王，自殺。^[235]

南陽

樂安侯匡衡[236]	右孝元二人。一人安平侯隨父，凡三人。	安昌節侯張禹[237]
以丞相侯，六百四十七户。		以丞相侯，六百一十七户，益户四百。
建昭三年七月癸亥封，七年，建始四年，坐顓地盜土，免。		河平四年六月丙午封，二十年薨。[238]
		建平二年，侯宏嗣，二十八年，更始元年，爲兵所殺。[239]
僮		汝南

高陽侯薛宣[240]	安陽敬侯王音[243]
以丞相侯，千九十户。[241]	以皇大后從弟大司馬車騎將軍侯，[244]千六百户，子舜益封。
鴻嘉元年四月庚辰封，五年，永始二年，坐西州盜賊群輩免，其年復封，[242]十年，綏和二年，坐不忠孝，父子賊傷近臣免。	八月己巳封，五年薨。
	永始二年，侯舜嗣，王莽篡位，爲安新公。
	建國三年，公攝嗣，更號和新公，與莽俱死。[245]
東莞	

成陽節侯趙臨[246]	
以皇后父侯，二千戶。	
永始元年四月乙亥封，五年薨。	新成侯欽[248]
元延二年，侯訢嗣，[247]建平元年，坐弟昭儀絕繼嗣，免，徙遼西。	綏和二年五月壬辰以皇大后弟封，一年，建平元年，坐弟昭儀絕繼嗣，免，徙遼西。
新息	穰

高陵共侯翟方進[249]	定陵侯淳于長[251]
以丞相侯，千戶，哀帝即位，益子宣五百戶。	以待中衞尉言昌陵不可成侯，[252]千戶。皇大后姊子。
永始二年十一月壬子封，八千戶，八年薨。[250]	元延二年二月内午封，二年，[253]綏和元年，坐大逆，下獄死。
綏和二年，侯宣嗣，十二年，居攝元年，弟東郡太守義舉兵欲討莽，莽滅其宗。	
琅邪	汝南

殷紹嘉侯孔何齊[254]	宜鄉侯馮參[258]
以殷後孔子世吉適子侯，[255]千六百七十户，後六月進爵爲公，地方百里，建平二年益户九百三十二。[256]	以中山王舅侯，千户。
綏和元年二月甲子封，八年，元始二年，更爲宋公。[257]	綏和元年二月甲子封，建平元年，坐姊中山大后祝詛，[259]自殺。
沛	

氾鄉侯何武[260]	博山簡烈侯孔光[263]
以大司空侯,[261]千户,哀帝即位益千户。	以丞相侯,千户,元始元年益萬户。
四月乙丑封,一年,元始三年,爲莽所殺,賜謚曰刺。	二年三月丙戌封,二年,建平二年,坐衆職廢,免,元壽元年五月乙卯復以丞相侯,[264]六年薨。
元始四年,侯況嗣,建國四年薨。[262]	元始五年,侯放嗣,王莽敗,絕。
南陽	順陽

右孝成十人。安成、平阿、成都、紅陽、曲陽、高平、新都、武陽侯八人隨父,[265]凡十八人。	陽安侯丁明[266]	孔鄉侯傅晏[269]
	以帝舅侯, 五十户。[267]	以皇后父侯, 三千户, 又益二千户。
	綏和二年四月壬寅封, 七年, 元始元年, 爲王莽殺。[268]	四月壬寅封, 六年, 元壽二年, 坐亂妻妾位免, 徙合浦。[270]
		夏丘

平周侯丁滿[271]	高樂節侯師丹[273]
以帝舅子侯，千七百三十九戶。	以大司馬關內侯侯，[274] 二千三十六戶。[275]
五月己丑封，元始二年，坐非正免。[272]	綏和二年·七月庚午封，一年，建平元年，坐漏泄免，元始三年二月癸巳更爲義陽侯，二月薨。[276]
	侯業嗣，王莽敗，絕。
湖陽	新野東海

高武貞侯傅喜[277]	楊鄉侯朱博[279]
以帝祖母皇大太后從父弟大司馬侯，[278]二千三十户。	以丞相侯，二千五十户，上書以故事不過千户，還千五十户。
建平元年正月丁酉封，十五年薨。	建平二年四月乙亥封，八月，坐誣罔，自殺。
建國二年，侯勁嗣，王莽敗，絕。	
杜衍	湖陵

新甫侯王嘉[280]	汝昌侯傅商[284]
以丞相侯，千六十八户。[281]	以皇大太后從父弟封，千户，後以奉先侯祀益封，凡五千户。
三年四月丁酉封，[282]三年，元壽元年，罔上，下獄庶死。[283]	四年二月癸卯封，[285]一年，元壽元年，坐外附諸侯免。
元始四年，侯崇紹封，王莽敗，絕。	元壽二年五月，侯昌以商兄子紹奉祀封，八月，坐非正免。
新野	陽穀

陽新侯鄭業[286]	高安侯董賢[288]
以皇大大后同母弟子侯,[287]千户。	以侍中騎馬都尉告東平王雲祝詛反逆侯,[289] 千户, 後益封, 二千户。[290]
八月辛卯封, 二年, 元壽二年, 坐非正免。	建平四年八月辛卯封, 二年, 元壽二年, 坐爲大司馬不合眾心免, 自殺。
新野	朱扶

方陽侯孫寵[291]	宜陵侯息夫躬[293]
以騎都尉與息夫躬告東平王反謀侯,[292]千户。	以博士弟子因董賢告東平王反謀侯,千户。
八月辛卯封,二年,元壽二年,坐前爲姦讒免,徙合浦。	八月辛卯封,二年,元壽二年,坐祝詛,下獄死。
龍亢	杜衍

長平頃侯彭宣[294]	右孝哀十三 人。[296]新成、新 都、平陽、營 陵、德五人隨 父，凡十八人。	扶德侯馬宮[297]
以大司空侯，二千七 十四户。		以大司徒侯，[298]二千 户。
元壽二年五月甲子 封，[295]四年薨。		元始元年二月丙辰封， 王莽篡位，爲大子師， 卒官。
元始四年，節侯聖嗣， 十四年薨。		
天鳳五年，侯業嗣， 王莽敗，絕。		
濟南		贛榆

扶平侯王崇[299]	廣陽侯甄豐[300]
以大司空侯，二千户。	以左將軍光禄勳定策安宗廟侯，[301]五千三百六十五户。
二月丙辰封，三年，爲傅婢所毒，薨。	二月癸巳封，王莽篡位，爲廣新公，後爲王莽所殺。
臨淮	南陽

承陽侯甄邯[302]	褒魯節侯公子寬[305]
以侍中奉車都尉定策安宗廟功侯，二千四百户。	以周公世魯頃公玄孫之玄孫奉周祀侯，二千户。
三月癸卯封，[303]王莽篡位，爲承新公。[304]	六月丙午封，薨。
	十一月，侯相如嗣，[306]更姓公孫氏，後更爲姬氏。
汝南	南陽平

襃成侯孔均[307]	防鄉侯平晏[311]
以孔子世襃成烈君霸魯孫奉孔子祀侯，[308]二千户。[309]	以長安少府與劉歆、孔求、孫遷四人使治明堂辟雍得萬國驩心功侯，[312]各千户。
六月丙午封。[310]	五年閏月丁丑封，[313]王莽篡位，爲就新公。
瑕丘	

紅休侯劉歆[314]	寧鄉侯孔求[317]
以侍中羲和與平晏同功侯。[315]	以侍中五官中郎將與平晏同功侯。
閏月丁酉封，王莽篡位，爲國師公，後爲莽所議。[316]	閏月丁酉封，王莽篡位，益大司馬。[318]

定鄉侯孫遷[319]	常鄉侯王惲[321]
以常侍謁者與平晏同功侯。[320]	以大僕與閻遷、陳崇等八人使行風俗齊同萬國功侯，各千户。[322]
閏月丁酉封。	閏月丁酉封。

望鄉侯閻遷[323]	南鄉侯陳崇[324]	邑鄉侯李翕[326]
以鴻臚與王惲同功侯。	以大司徒司直與王惲同功侯。[325]	以水衡都尉與王惲同功侯。[327]
閏月丁酉封。	閏月丁酉封。	閏月丁酉封。

亭鄉侯郝黨[328]	章鄉侯謝殷[329]	蒙鄉侯逯普[330]
以中郎將與王惲同功侯。	以中郎將與王惲同功侯。	以騎都尉與王惲同功侯。
閏月丁酉封。	閏月丁酉封。	閏月丁酉封，王莽篡位，爲大司馬。

盧鄉侯陳鳳[331]	成武侯孫建[333]	明統侯侯輔[336]
以中郎將與王惲同功侯。[332]	以強弩將軍有折衝之威侯。[334]	以騎都尉明爲人後一統之義侯。
閏月丁酉封。	閏月丁酉封，王莽篡位，爲新成公。[335]	閏月丁酉封。

破胡侯陳馮[337]

以父湯前爲副校尉討郅支單于侯，[338]千四百戶。

七月內申封。

討狄侯杜勳[339]

以前爲軍假丞手斬郅支單于首侯，[340]千戶。

七月內申封。

（總敘）

右孝平二十二人，邛成、博陸、陽平、紅陽、秅、都甫、合陽、信桃、都父、舞陵、樂成、爰新氏、陽義鄉、章隨新、成賞七人、褒十二、繼十人、隨世，凡三十九人。[341]

［1］【今注】案，號諡，大德本、殿本同，蔡琪本作"諡號"。

［2］【今注】臨泗：侯國名。王先謙《漢書補注》：臨泗無考。《北魏志》東楚州宿豫郡有臨泗縣，疑因漢舊名也，在今徐州府境。

［3］【今注】周吕：侯國名。地望無考。錢穆《史記地名考》認爲該侯國爲《漢書·地理志》中的楚國吕縣，未獲普遍認可。本篇所涉及的侯國地望參見馬孟龍《西漢侯國地理》（上海古籍出版社 2013 年版）。

［4］【今注】客：原意指非本族或本鄉的人口，後來常用於指稱一類依附身份。從戰國至南北朝，"客"的地位和屬性曾發生過較大的變化。在戰國秦漢時期，"客"指主人雇傭的自由人口，種類很多，既有爲豪强、權貴充當謀士爪牙的"賓客"，也有從事生産勞動的"田客""佃客"。從西漢後期開始，部分"客"的身份逐漸卑微化，至南北朝時期成爲脱離國家户籍系統的豪强依附人口。此處的"客"顯然指"賓客"。有關"客"的研究，參見唐長孺《魏晉南北朝時期的客與部曲》（《魏晉南北朝史論拾遺》，中華書局 1983 年版，第 1—24 頁）；蔣福亞《魏晉之際依附民的合法化》（《首都師範大學學報》1987 年第 4 期）；堀敏一《六朝時期隸屬民的諸形態——部曲、客女身份制的前提》（《日本學者研究中國史論著選譯》第四卷"六朝隋唐"，中華書局 1992 年版）；嚴耀中《魏晉南北朝"佃客"辯》（《中國史研究》1984 年第 3 期）；簡修煒、張耕華《魏晉南北朝時期佃客的幾個問題》（《江海學刊》1987 年第 3 期）；陳蘇鎮《〈春秋〉與"漢道"——兩漢政治與政治文化研究》（中華書局 2011 年版，第 496—508 頁）。

［5］【今注】郿：侯國名。《史記·高祖功臣侯者年表》及卷九《吕太后本紀》皆作"酇"。案，本書《地理志》中，左馮翊有郿縣，南陽郡有酇縣，一般認爲西漢時"京畿不置侯國"，因此郿縣不應封給吕台，《史記》的記載應該纔是正確的。酇侯國的治所

在今河南内鄉縣趙店鄉酈城村。

[6]【今注】案，蔡琪本此句後有注：“劉氏校本云：‘據高祖九年至高后元年合十一年。’”

[7]【顏注】師古曰：文瑞反（文，大德本同，蔡琪本、殿本作“之”；蔡琪本、殿本注文“之”前有“腄音”二字）。【今注】腄：侯國名。治所在今山東烟臺市福山區。《史記·惠景閒侯者年表》作“錘”，裴駰《集解》云：一作“鉅”。

[8]【今注】東平：侯國名。治所在今山東東平縣東平鎮宿城村。

[9]【今注】案，侯兒，蔡琪本、大德本同，殿本無“侯”字。

[10]【顏注】師古曰：厖，匹履反（大德本同，蔡琪本、殿本無“師古曰”；蔡琪本、殿本“匹”前有“音”字；匹，大德本、蔡琪本同，殿本作“四”）。【今注】案，《史記·惠景閒侯者年表》“厖”作“莊”。

[11]【顏注】師古曰：汶音問。【今注】汶：侯國名。此處“汶”當爲“沒”形近而誤。《史記·漢興以來諸侯王年表》《史記·惠景閒侯者年表》均作“郟”，《漢書·地理志》沛郡下有侯國“沒”，案，“沒”與“郟”，兩者可通。漢封泥有“郟侯邑丞”（參見羅振玉《齊魯封泥集存》；韓彥佶《漢印地名研究》，碩士學位論文，華東師範大學，2007年）。治所在今安徽固鎮縣東濠城。

[12]【今注】建成：侯國名。馬孟龍《西漢侯國地理》：“沛、豫章皆有建成。漢初豫章爲邊郡，不置侯國。當爲沛郡建成。”（馬孟龍《西漢侯國地理》，第369頁）治所在今河南永城市東南。釋之：錢大昭《漢書辨疑》：《史記》云“呂后兄”，《史記》卷五五《留侯世家》作“呂澤”。

[13]【今注】案，大上，蔡琪本、大德本、殿本作“太上”。本卷“大”字，他本有作“太”者，“太”字，他本有作“大”者，不再單獨出校。

[14]【今注】案，蔡琪本此句後有注：“劉氏校本云：‘據下嗣此合八年。’”

[15]【今注】案，據《史記》卷九《呂太后本紀》、《惠景閒侯者年表》，呂種受封沛侯，其治所在今江蘇沛縣。王先謙《漢書補注》認爲，此處的“國”當爲“園”之誤，“園”指皇親顯貴的墓地。

[16]【今注】不其：侯國名。治所在今山東青島市城陽區。

[17]【今注】漢陽：侯國名。錢大昭《漢書辨疑》：《地理志》漢中襃中都尉治漢陽鄉，疑即此。據《史記》卷九《呂太后本紀》、《惠景閒侯者年表》呂禄的封地爲胡陵而非漢陽，其治所在今山東魚臺縣東南胡陵城。

[18]【今注】扶柳：侯國名。治所在今河北衡水市冀州區西扶柳城。

[19]【顏注】師古曰：平既呂氏所生，不當姓呂，蓋史家唯記母族也。姁音況于反，又音況羽反。

[20]【今注】襄城：侯國名。治所在今河南襄城縣。王先謙《漢書補注》引朱一新曰：“義，初名山，爲王更封，義爲帝，更名弘。‘三’當爲‘二’。”

[21]【今注】軹：侯國名。治所在今河南濟源市軹城鄉東西軹城村。

[22]【今注】壺關：侯國名。治所在今山西長治市北古馹。

[23]【今注】昌平：侯國名。治所在今山東臨邑縣東北。

[24]【今注】贅其：侯國名。治所在今江蘇盱眙縣西南。

[25]【今注】案，丙，蔡琪本、大德本同，殿本作“内”。

[26]【今注】滕：侯國名。治所在今山東滕州市姜屯鎮東滕城村。

[27]【今注】都尉：原指軍隊中地位較高的一類武官，地位應該在將軍之下，此處的“都尉”應該也是這類職務。漢代“都尉”的含義和種類較之於前代都明顯擴大，出現了許多帶有“都尉”二字的官職，大體可分作以下幾類：一類是軍隊中掌管軍之一部的中級武官，多冠以所統率的兵種，如車騎都尉，此類武官應該

更接近"都尉"的原始含義；一類是設置於地方的官員，其執掌大多與軍事相關，如掌握郡內軍務的郡都尉和部都尉，負責關塞戍守的關都尉，管理屬國軍政的屬國都尉以及負責邊郡屯田事務的農都尉；還有一類是設置於中央政府的官員，其執掌未必與軍事有密切的聯繫，但與皇室事務較爲密切，如掌御乘輿車的奉車都尉，掌副馬的駙馬都尉，監羽林騎的騎都尉，管理上林苑、鑄錢等的水衡都尉。（參見陳夢家《西漢都尉考》，收入《漢簡綴述》，中華書局1980年版，第125—134頁；嚴耕望《中國地方行政制度史（甲部）秦漢地方行政制度》，上海古籍出版社2007年版，第147—166頁；大庭脩《秦漢法制史研究》，上海人民出版社1991年版，第386—387頁；袁理《漢末三國武官散階化研究》，碩士學位論文，鄭州大學，2014年；陳威廷《漢代都尉研究》，碩士學位論文，國立彰化師範大學，2014年；張亞偉《東漢初期軍制改革研究——以都尉體系的變化爲中心》，碩士學位論文，華中師範大學，2018年）　霸上：地名。在今陝西西安市東。

［28］【今注】案，年，大德本、殿本同，蔡琪本作"月"。

［29］【今注】呂成：侯國名。治所在今江蘇徐州市銅山區伊莊鎮呂梁村。

［30］【今注】案，一，大德本同，蔡琪本、白鷺洲本、殿本作"四"。

［31］【今注】案，八年，大德本、殿本同，蔡琪本、白鷺洲本作"八月"。

［32］【顏注】師古曰：瑩音榮，又音烏暝反。【今注】祝茲：侯國名。治所在今山東諸城市東北。　案，《史記》卷九《呂太后本紀》"瑩"作"榮"。

［33］【今注】案，月，大德本、殿本同，蔡琪本、白鷺洲本作"年"。

［34］【今注】建陵：侯國名。治所在今山東棗莊市嶧城區西。寺人：宦官。

[35]【今注】大謁者：胡三省《資治通鑑音注》卷一二“大謁者，蓋其長也”，亦即以“大謁者”爲“謁者僕射”。謁者僕射主謁者，掌賓贊受事，爲郎中令（漢武帝太初元年，即公元前104年更名爲“光禄勳”）屬官。秩比千石。《史記·惠景閒侯者年表》、卷五一《荆燕世家》中，張釋（《史表》作“張澤”；《荆燕世家》作“張子卿”，司馬貞《索隱》引徐廣曰“名澤”）的官職均爲“大謁者”，唯《史記》卷九《吕太后本紀》作“中大謁者”。案，漢代皇后也被稱爲中宫，《漢舊儀》：“皇后稱中宫”，官職前有“中”字者，除中大夫或中尉及其屬官外，一般出自皇后的中宫官系統，通常由宦者擔任，張釋爲“中大謁者”似乎更符合情理。（參見王婷婷《漢代后妃宫官制度》，碩士學位論文，南京師範大學，2013年）另，陳直《漢書新證》據《漢書》卷七四《魏相傳》及《高惠高后文功臣侯表》考證，桃侯劉襄在高祖時曾任大謁者，因此認爲“西漢初期，大謁者或用中人，或用士人”。

[36]【今注】軹：侯國名。治所在今河南濟源市軹城鄉東西軹城村。

[37]【今注】案，夏燮《校漢書八表》：《史表》作高祖十年爲郎，證之《高祖本紀》，立代王在十一年。又《外戚傳》言薄姬從子之代，爲代太后，太后弟薄昭從如代，代王立十七年，高后崩。據此，則《史表》作十年者近之。自十一年至高后八年，亦與下文十七年之語合，此表“七”字當爲“十”字之誤。

[38]【今注】中大夫：西漢前期郎中令的屬官，秩比千石。武帝太初元年（前104）更名爲光禄大夫，秩比二千石。王先謙《漢書補注》：“《史表》‘中’上有‘太’字。”太中大夫也是郎中令（光禄勳）屬官，秩比千石，魏晉南北朝時期逐漸發展成文散階。

[39]【今注】車騎將軍：漢代將軍名號，至遲在漢王三年（前204）就已出現。見本書《高惠高后功臣年表》：“（蔡寅）以魏太僕漢王三年初從，以車騎將軍破龍且及彭城。”西漢時爲重號將軍之一（西漢重號將軍共八種：大將軍、驃騎將軍、車騎將軍、

衛將軍、前將軍、後將軍、左將軍和右將軍），初不常置，宣帝消滅霍氏後，冠此號者常爲大司馬，並領尚書事，且多爲外戚，位高權重。東漢初年地位明顯下降，一度淪爲偏裨將軍之列。章帝時期恢復了由高官或外戚擔任車騎將軍的制度，起初爲銀印青綬；和帝時外戚竇憲爲車騎將軍，加金印紫綬，位比三公。魏晉南北朝時期，車騎將軍逐漸演變成武官的高級散階。（參見大庭脩《秦漢法制史研究》，上海人民出版社 1991 年版，第 288—374 頁；閻步克《品位與職位——秦漢魏晉南北朝官階制度研究》，中華書局 2009 年版，第 429—495 頁；張金龍《西漢將軍制度述略》，《首都師範大學學報》2014 年第 4 期；張金龍《東漢光武帝時期的將軍號》，《史學集刊》2014 年第 2 期；柴芃《東漢光武、獻帝時期的將軍制度》，《湖北社會科學》2018 年第 7 期；廖伯源《東漢將軍制度之演變》，《"中央研究院"歷史語言研究所集刊：60—1》；廖伯源《制度與政治——政治制度與西漢後期之政局變化》，中華書局 2017 年版，第 205—245 頁；袁理《漢末三國武官散階化研究》，碩士學位論文，鄭州大學，2014 年）。

［40］【顏注】師古曰：鄅音一戶反，又音於度反（音，大德本、殿本同，蔡琪本無"音"字）。【今注】鄅：侯國名。地望無考。案，《史記》卷一〇《孝文本紀》作"清郭"，本書卷四《文紀》作"靖郭"，馬孟龍《西漢侯國地理》："戰國齊王封田嬰以清郭，知清郭在齊，臨淄封泥'請郭邑丞''請郭鄉印'可爲證。表'（駟鈞）坐濟北王興居舉兵反弗救，免'，疑清郭在濟北國境。"（第 406 頁）

［41］【今注】周陽：侯國名。治所在今山西聞喜縣東二十里。案，錢大昕《廿二史考異·史記二》認爲，周陽侯趙兼初封地在淮南國內。今人馬孟龍亦持此説，並認爲周陽侯國是《漢書》卷四四《淮南王傳》所記載的被文帝從淮南國遷出的三個侯國之一（《西漢侯國地理》，第 305—306 頁）。

［42］【今注】章武：侯國名。治所在今河北黃驊市西南故縣村。

[43]【今注】案，萬一千户，王先謙《漢書補注》："《史表》'萬一千百六十九户'。"中華書局點校本《史記·惠景閒侯者年表》爲"萬一千八百六十九户"。

[44]【今注】案，王先謙《漢書補注》：《史表》"定"作"完"。

[45]【今注】案，王先謙《漢書補注》：《史表》"生"作"坐"，兩見。

[46]【今注】南皮：侯國名。治所在今河北南皮縣東北八里。

[47]【今注】案，王先謙《漢書補注》：《史表》"六千四百六十户"。

[48]【今注】案，一，蔡琪本、大德本同，殿本作"二"。

[49]【今注】酎金：漢代諸侯獻給朝廷供祭祀之用的貢金。

[50]【今注】魏其：侯國名。治所在今山東青島市即墨區東南。

[51]【今注】扞：抵禦。王先謙《漢書補注》：《史表》"侯，三千三百五十户"。"扞"字底本殘缺，據蔡琪本、大德本、殿本補。

[52]【今注】案，乙，大德本、殿本同，蔡琪本作"己"。

[53]【今注】蓋：侯國名。治所在今山東沂源縣中莊鄉蓋冶村。

[54]【今注】案，王先謙《漢書補注》引蘇輿曰："自景中五年至元光二年止十三年，表誤。"二，蔡琪本、大德本同，殿本作"三"。

[55]【今注】案，王先謙《漢書補注》：《史表》無頃侯充一代，作"元狩三年，侯偃元年。元鼎五年，國除"。

[56]【今注】武安：侯國名。治所在今河北武安市點子村西一里。

[57]【顏注】師古曰：衣謂著之也。襜褕，直裾襌衣也。襜音昌占反。褕音踰。【今注】案，王先謙《漢書補注》：《史表》"恬"作"梧"，兩見。

[58]【今注】案，王先謙《漢書補注》引蘇輿曰："《潛夫論·斷訟篇》：'孝武仁明，周陽侯田彭祖坐當軹侯宅而不與免

國’，即此事。惟‘祖’作‘彭祖’爲異，‘當’下奪‘歸’字。”
“《史表》‘祖’作‘彭祖’，兩見。‘三’作‘二’。‘軹侯’作
‘章侯’，疑‘章武侯’奪文。時無軹侯，亦無章侯也。”三，大德
本同，蔡琪本、殿本作“二”；蔡琪本、大德本、殿本“當”後有
“歸”字；蔡琪本、白鷺洲本此句後有注：“劉氏校本云：據除坐免
猶九年。”

[59]【今注】長平：侯國名。治所在今河南西華縣田口鄉董
城村。

[60]【今注】右賢王：匈奴貴族封號，又稱右屠耆王，與右谷
蠡王等共同統領匈奴西部領地，受封者通常爲當朝單于的兄弟。案，
王先謙《漢書補注》：《史表》“朔方”下有“河南”二字。“右”
字、“又”後“封”字底本殘缺，據蔡琪本、大德本、殿本補。

[61]【今注】案，王先謙《漢書補注》：《史表》“三月”作
“二月”。

[62]【今注】撟制不害：撟制，也作“矯制”，指假託皇帝名
義而下達制詔之命。據傳世文獻記載，漢代對矯制行爲的處罰按照
嚴重程度可分爲三等：矯制大害、矯制害和矯制不害，“矯制不害”
是對於矯制者最輕一等的處罰。另外，寫於西漢初年的《張家山漢
簡·二年律令》中，將“矯制”之罪分爲二等：矯制害和矯制不
害，且對“矯制不害”的處罰僅爲“罰金四兩”，並無免官奪爵的
規定，同我們在傳世文獻中所看到的情況不同。這表明漢代關於矯
制之罪的律條經過了一個不斷完善的過程，此處對衛伉“矯制不
害”處以奪爵的嚴厲處罰，而非如《二年律令》所規定的那樣僅
僅“罰金四兩”了事，或許是漢代律法變更，對矯制行爲處罰加重
的結果；也可能與漢武帝有意打壓衛氏勢力，法外施刑，加重處罰
有關。（參見孫家洲、李宜春《西漢矯制考論》，《中國史研究》
1998 年第 1 期；孫家洲《再論“矯制”——讀〈張家山漢墓竹簡〉
札記》，《南都學壇》2003 年第 4 期；魏昕《漢代詔令研究》，博士
學位論文，東北師範大學，2015 年）撟，大德本同，蔡琪本作

"矯"，殿本作"僑"。

[63]【今注】蘭入：據王先謙《漢書補注》，"蘭"應爲"闌"誤加"艸"。闌入，擅入。漢朝的制度，凡入宮殿門或出入關塞等皆應著籍，無籍擅入叫作"闌入"。

[64]【今注】完爲城旦：戰國秦漢時期的一種刑罰，其中"城旦"是主刑，"完"應該是輔刑。"城旦"是施加於男性罪犯的一種勞役刑，常與施加於女性罪犯的"舂"合稱爲"城旦舂"，除刑名外，"城旦舂""城旦"和"舂"亦可用以指稱被判此刑的刑徒。"城旦舂"至遲在戰國時期就已出現，在秦漢時期的刑罰體系中，其嚴重程度僅次於死刑。被判"城旦舂"者，會被剝奪財產權和人身自由，由官府收押並集中管理，著赭衣，戴刑具，常年從事沉重的勞役，家屬也會被收繫。根據《漢舊儀》的記載，"城旦"須修築城墻，"舂"須舂米，不過從出土文獻的記載來看，"城旦舂"所從事的勞役範圍非常廣泛，並不局限於築城和舂米。現在一般認爲，"城旦舂"在秦及漢初是無期刑，但可以被人贖免，漢文帝十三年（前167）刑法改革後成爲五年的有期刑。"城旦舂"在秦及漢初還經常與各種肉刑結合，根據出土文獻的記載，"城旦舂"在秦及漢初可分作"完爲城旦舂"和"刑爲城旦舂"，前者不施加肉刑，後者施加肉刑，其中"刑爲城旦舂"還包括"斬左止（趾），有黥以爲城旦舂"（砍掉左脚，並且在臉上刺字，然後城旦舂），"黥劓以爲城旦舂"（刺字割鼻，然後城旦舂），"黥以爲城旦舂"（臉上刺字，然後城旦舂）等幾種類型。文帝十三年廢除肉刑後，"刑爲城旦舂"改爲"髡鉗城旦舂"（剃髮戴刑具，然後城旦舂）。對於"完"的含義，學界仍存在較大爭議，或以爲等同於"髡"（剃光頭髮的刑罰），或以爲等同於"耐"（剃去鬍鬚的刑罰），或以爲指身體完好無損不加肉刑和髡剃。還有人認爲，"完"的含義以文帝十三年爲界，發生了變化，具體又可分爲兩種意見，一種認爲文帝十三年以前"完"指"髡"，以後指"耐"；另一種認爲文帝十三年以前"完"指"髡"或"耐"，以後指不加肉刑和髡剃。

（參見韓樹峰《秦漢律令中的完刑》，《中國史研究》2003 年第 4 期；《秦漢刑徒散論》，《歷史研究》2005 年第 3 期）案，據王先謙《漢書補注》考證，衛青薨於武帝元封五年（前 106），衛伉嗣侯六年免，則伉於元封六年嗣，天漢元年（前 100）免，則本表兩個時間均有誤。據本書卷六三《戾太子傳》、卷六〇《杜周傳》，衛伉坐祝詛誅，天漢三年杜周以捕逐衛皇后昆弟子刻深遷御史大夫，與伉失侯年份隱合。又，底本"撟制""嗣侯""五年""宮"漫漶，據蔡琪本、大德本、殿本補。

[65]【今注】陰安：侯國名。治所在今河南清豐縣北山城集。

[66]【今注】案，底本"元鼎"二字漫漶，據蔡琪本、大德本、殿本補。

[67]【今注】發干：侯國名。治所在今山東莘縣何店鄉馬橋村。案，干，大德本同，蔡琪本作"平"，殿本作"于"。

[68]【今注】案，永，大德本同，蔡琪本、白鷺洲本、殿本作"元"。

[69]【今注】公乘：秦漢二十等爵中的第八級，也是漢代等級最高的民爵。　侍郎：漢代郎官的一種。秩比四百石。

[70]【今注】關内侯：秦漢二十等爵中的第十九級。

[71]【今注】平津：侯國名。治所在今河北鹽山縣東南二十里。

[72]【今注】案，王先謙《漢書補注》：本書卷五八《公孫弘傳》作"六百五十户"，與此異。三百，蔡琪本、大德本同，殿本作"二百"。

[73]【今注】案，洪頤煊《讀書叢録》考證，據本書《百官公卿表》，公孫弘於武帝元朔五年（前 124）任丞相，元狩二年（前 121）薨，因此此處的"三"當作"五"，"六"當作"四"。

[74]【今注】案，王先謙《漢書補注》：《史表》"度"作"慶"，兩見。

[75]【今注】案，王先謙《漢書補注》：據本書卷五八《公孫弘傳》，平帝元始中，賜弘子孫之次見爲適者，爵關内侯，食邑三

百户。

[76]【今注】冠軍：侯國名。治所在今河南鄧州市張村鎮冠軍村。　案，桓，蔡琪本、大德本同，殿本作"栢"。

[77]【今注】校尉：漢代軍隊之一部稱爲一校，統率一校之軍官即爲校尉。從武帝時期開始，在京畿和邊疆地區陸續出現了一些新的校尉官，如監察三輔、三河和弘農地區的司隸校尉，掌京師城門屯兵的城門校尉，掌上林苑門屯兵的步兵校尉，主西羌事務的護羌校尉和在西域設置的戊己校尉等，其中的許多官職，在魏晉至隋唐時期逐漸散階化，演變成唐代的武散階及勳官。（參見閻步克《品位與職位——秦漢魏晉南北朝官階制度研究》，中華書局 2009 年版，第 614—674 頁）

[78]【今注】案，姊，蔡琪本、大德本同，殿本作"姊"。

[79]【顏注】師古曰：嬗音上戰反。

[80]【今注】樂平：侯國名。治所在今山東聊城市堂邑鎮附近。王先謙《漢書補注》：《史表》作"樂成"。

[81]【今注】案，三年，大德本同，蔡琪本、殿本作"二年"。

[82]【今注】冠陽：侯國名。王先謙《漢書補注》："《史表》仍作'冠軍'，三見。志無'冠陽'，疑'陽'字誤。"地望應該同於霍去病所受封的冠軍侯國。

[83]【今注】周子南君：封國名。治所在今河南長葛市東。

[84]【今注】案，王先謙《漢書補注》：《史表》"置"作"買"。

[85]【今注】案，據王先謙《漢書補注》，自元帝建昭三年（前 36）至成帝陽朔元年（前 24）爲十三年，不當爲四年。蔡琪本、白鷺洲本此句後有注："劉氏校本云：'據下嗣合十三年'。"

[86]【今注】案，王先謙《漢書補注》："鄭"當爲"邧"，詳見本書卷一二《平紀》。

[87]【今注】案，丞，蔡琪本、大德本同，殿本作"承"。

[88]【今注】案，觀，蔡琪本、大德本同，殿本無"觀"字。

[89]【今注】樂通：侯國名。治所在今江蘇泗洪縣南城頭。

[90]【今注】牧丘：侯國名。地望無考。

[91]【今注】案，九，蔡琪本、大德本同，殿本作"元"。

[92]【今注】太常：漢代九卿之首，掌宗廟禮儀，並管理博士及諸奉陵邑。秩中二千石。原名"奉常"，景帝中六年（前144）更名爲"太常"，新莽時期曾改名爲"秩宗"。

[93]【今注】富民：侯國名。治所在今安徽宿州市南。

[94]【今注】虎牙將軍：漢代始置的將軍名號，西漢時期屬戰時臨時設置的"雜號將軍"，東漢初年一度設置"虎牙大將軍"，位高權重。光武帝建武十五年（39），虎牙大將軍蓋延薨，此將軍名號不復見於史籍。魏晉南北朝時期，"虎牙將軍"經常作爲較低的武散階出現。　案，擊，大德本、殿本同，蔡琪本作"益"。

[95]【今注】案，王先謙《漢書補注》：《史表》作"擊匈奴不至質，誅死"。

[96]【今注】博陸：侯國名。治所在今山東昌邑市一帶。

[97]【今注】奉車都尉：官名。漢武帝元鼎二年（前115）置，掌御乘輿車。秩比二千石。

[98]【今注】龍勒：縣名。漢武帝時置，屬敦煌郡，治所在今甘肅敦煌市西南。　士伍：秦漢魏晉時期一類無爵者的戶籍身份。一般認爲當時平民中無爵者的戶籍身份主要有三種：公卒、士伍和庶人，士伍的地位低於公卒而高於庶人。（參見蘇俊林《孫吳基層社會身份秩序研究——以走馬樓吳簡爲中心》，博士學位論文，湖南大學，2015年）

[99]【顏注】師古曰：光初封食北海、河間，後益封又食東郡。

[100]【今注】安陽：侯國名。治所在今河南安陽市東南。

[101]【今注】騎都尉：漢代武官的官職名，宣帝時令騎都尉監羽林騎，常加西域都護。秩比二千石。

[102]【今注】案，底本"三"字漫漶，據蔡琪本、大德本、

殿本補。

[103]【今注】桑樂：侯國名。地望無考。

[104]【顏注】師古曰：桀所食也。

[105]【顏注】師古曰：安所食也。

[106]【今注】宜春：侯國名。治所在今河南汝南縣和孝鎮林樓村。　案，底本"春""敬"二字殘缺，據蔡琪本、大德本、殿本補。

[107]【今注】大將軍：漢代將軍名號，武帝時始置，冠此號者常爲大司馬，且多爲外戚，位高權重。魏晉南北朝時期，大將軍逐漸演變成高級武散階。底本"將軍"二字殘缺，據蔡琪本、大德本、殿本補。

[108]【今注】案，四月，大德本同，蔡琪本、殿本作"四年"；一，蔡琪本、大德本同，殿本作"二"。

[109]【今注】案，二，大德本同，蔡琪本、殿本作"三"。

[110]【今注】案，王先謙《漢書補注》引蘇輿曰："'十'字衍。自元延元年至建平二年止八年。"　又，孝，蔡琪本、大德本同，殿本無"孝"字。

[111]【今注】案，蔡琪本此句後有注："劉氏校本云：'據算合爲八年。'"

[112]【今注】案，強，大德本同，蔡琪本、白鷺洲本、殿本作"彊"。

[113]【今注】安平：侯國名。治所在今河南睢縣南。　陽：《漢書考正》宋祁曰：本傳作"楊"。

[114]【今注】案，王先謙《漢書補注》引朱一新曰："褚《補史》'忠'作'賁'。"

[115]【今注】案，王先謙《漢書補注》引朱一新曰："褚《補史》'譚'作'翁君'。"

[116]【今注】典屬國：官名。始置於秦代，掌蠻夷降者及屬國。秩二千石。成帝河平元年（前28）省並大鴻臚。

[117]【今注】案,蔡琪本、大德本同,殿本"誹"後有"謗"字。

[118]【今注】富平:侯國名。治所起初在今河南尉氏縣境内,後遷至今山東陽信縣水落坡鄉李家村南。

[119]【今注】右將軍:漢代將軍名號,爲八個重號將軍之一,掌兵及四夷,金印紫綬。魏晉南北朝時期演變成武散階。 光禄勳:九卿之一,掌宫殿掖門户,統領郎官。秩中二千石。原名郎中令,漢武帝太初元年(前104)更名爲光禄勳。

[120]【今注】陽都:侯國名。地望無考。案,本書《地理志》中城陽國有陽都縣,但當時已經形成了王國内不置侯國的傳統,馬孟龍在《西漢侯國地理》一書中指出,此處的"陽都"在設置侯國前可能是某個鄉聚而非縣。(第490頁)

[121]【今注】掖庭令:少府屬官,原名永巷令,漢武帝太初元年(前104)更名。

[122]【顔注】師古曰:自敞以下至純皆延壽之嗣也。

[123]【今注】案,王先謙《漢書補注》:放,成帝建始四年(前29)嗣,綏和二年(前7)薨,止二十六年,"三"字誤。

[124]【今注】案,蔡琪本、白鷺洲本、大德本同,殿本無"今見"二字。

[125]【今注】陽平:侯國名。地望無考。

[126]【今注】案,本始三年,大德本同,蔡琪本、殿本作"本始四年"。蔡琪本此句後有注:"劉氏校本云:諸本作'本始三年',此作'四年',爲是據紀傳在相位四年薨。"

[127]【今注】營平:侯國名。治所在今山東濟南市東。

[128]【今注】後將軍:漢代將軍名號,爲八個重號將軍之一,掌兵及四夷,金印紫綬。魏晉南北朝時期演變成武散階。

[129]【今注】案,王先謙《漢書補注》:平帝元始中,復封充國曾孫伋爲侯,見本傳,表失載。

[130]【今注】平丘:侯國名。治所在今山東肥城市。

[131]【今注】光禄大夫:官名。原名中大夫,武帝太初元年

（前 104）更名爲光禄大夫，光禄勳屬官。秩比二千石。武帝時期光禄大夫是重要的侍從官，常加侍中、給事中、諸曹等官參與内朝事務。魏晉南北朝時期，光禄大夫逐漸演變成重要的文散階。

［132］【今注】案，王先謙《漢書補注》：《史表》："王遷家在衛，爲尚書郎，習刀筆之文。侍中，事昭帝"。"侯"下作"二千户"。

［133］【顔注】如淳曰：《律》，諸爲人請求於吏以枉法而事已行，爲聽行者，皆爲司寇。師古曰：有人私請求而聽受之。【今注】案，王先謙《漢書補注》：《史表》作"坐受諸侯王金錢財，漏泄中事，誅"。　又，一，大德本同，蔡琪本、殿本作"二"；臧，蔡琪本、大德本同，殿本作"賍"。

［134］【今注】昌水：侯國名。治所在今山東鄒平縣長山鎮苑城村。

［135］【今注】鴻臚：即大鴻臚，九卿之一，掌諸歸義蠻夷，後來還負責管理長安的郡國邸。秩中二千石。原名典客，景帝中六年（前 144）更名大行令，武帝太初元年（前 104）更名大鴻臚。新莽時期曾更名爲典樂。　武都：地名。根據文獻記載，漢初已在今甘肅西和縣南設置了"武都道"（《漢書》卷三《高后紀》："武都道山崩"，另外張家山漢簡《二年律令・秩律》中也有"武都道"這一行政區劃）。"道"是秦漢時期的一類縣級行政區，在少數民族聚居區設置。漢武帝元鼎六年（前 111），設武都郡，治所在原武都道。

［136］【今注】左馮翊：漢代官名及行政區名。爲"三輔"之一，負責管理京畿地區的東部。秦代京畿地區的事務由内史管理，漢初承襲秦制，景帝二年（前 155）將其分作左、右内史，分別管理原内史轄地的東部和西部。武帝太初元年（前 104）分別將左、右内史更名爲左馮翊和京兆尹，並將都尉（原名主爵都尉，景帝中六年更名都尉）更名爲右扶風，形成由"三輔"分別管理京畿之一部的格局。三輔長官秩級均爲中二千石。

［137］【今注】案，三，大德本、殿本同，蔡琪本、作"二"。

［138］【今注】祁連將軍：漢代將軍名號，屬雜號將軍，不常置。

［139］【今注】陽城：侯國名。地望無考。

［140］【今注】大司農：九卿之一，主管國家財政。秩中二千石。原名治粟内史，景帝後元年（前143）更名大農令，武帝太初元年（前104）更名爲大司農。新莽時期改稱羲和，後又改爲納言。

［141］【顔注】如淳曰：天子錢藏中都内，又曰大内。

［142］【顔注】師古曰：《杜周傳》作史樂成。《霍光傳》作使樂成。今此云姓便，三者不同，疑表誤（案，底本師古注文殘缺，據蔡琪本、大德本、殿本補全）。【今注】爰氏：侯國名。治所在今山東單縣。

［143］【今注】少府：九卿之一，秩中二千石。漢初的少府執掌比較龐雜，大體可分爲四類：一是管理皇室財務，包括鑄錢、經營公田、管理皇家苑囿、徵收"山海池澤市井之税"及部分口賦以供皇室用度等，由農官、都水、均官及上林中十池監等下屬機構負責；二是掌管符璽，通傳内外，協助皇帝處理政務，由尚書、符節、中書謁者等下屬機構負責；三是管理皇室日常生活事務，由太醫、太官、湯官、胞人、宦者等下屬機構負責；四是管理與宮廷或官府相關的手工業生產，包括兵器、建築材料、宮廷衣物等物品的生產，由若盧、考工室、尚方、左右司空、東西織等下屬機構負責。從武帝時期開始，少府的職掌被不斷削減，武帝元鼎二年（前115）鑄錢及部分苑囿劃歸新設立的水衡都尉管理；實行專賣制度後，與鹽鐵相關的收入轉歸大司農；尚書等秘書機構隨着政治地位的上升也實際脱離了少府管控。［參見加藤繁《漢代國家財政和帝室財政的區别及帝室財政一斑》，劉俊文主編，黄金山、孔繁敏等譯《日本學者中國史論著選譯·上古秦漢（第三卷）》，中華書局1993年版，第294—388頁；劉嘯《家國分離視野下的漢唐間少府職能變遷》，《史林》2013年第2期；韓仲秋《漢代皇族管理研究——以專職職官爲中心》，博士學位論文，山東大學，2013年］

案，底本"二十"二字漫漶，據蔡琪本、大德本、殿本補。

［144］【今注】案，蔡琪本此句後有注："劉氏校本云：'據年數此合作二年薨。'"一，殿本、蔡琪本、大德本同，殿本作"二"。

［145］【今注】案，蔡琪本此句後有注："劉氏校本云：'據下嗣此合作二年。'"

［146］【今注】扶陽：侯國名。治所在今安徽蕭縣西南五十里。

［147］【今注】案，夏燮《校漢書八表》指出，韋玄成本傳記載其爲相七年，薨於元帝建昭三年（前36）。

［148］【今注】案，王先謙《漢書補注》："湛"傳作"沈"，薨謚節侯。

［149］【今注】平恩：侯國名。治所在今河北曲周縣東南，東、西呈孟之間。

［150］【今注】中常侍：西漢時爲加官，加中常侍者得入禁中，參與内朝事務。東漢時，中常侍成爲正式的官職，由宦官擔任，侍從皇帝左右，贊導宫内諸事，顧問應對。秩千石，後增秩爲比二千石。

［151］【今注】案，蔡琪本此句後有注："劉氏校本云：'此合三年嗣，不然上是二十一年。'"

［152］【今注】案，夏燮《校漢書八表》指出，若侯敬於王莽始建國四年（12）嗣，且質侯立二十九年薨，則質侯當於成帝鴻嘉三年（前187）嗣。 又，二年，蔡琪本、大德本同，殿本作"一年"；且，蔡琪本、大德本同，殿本作"旦"。

［153］【今注】高平：侯國名。據馬孟龍考證，高平侯國起初在今河南柘城縣城關鎮北大陳莊南一帶，後遷至今江蘇泗洪縣南城頭。（《西漢侯國地理》，第355—357頁）

［154］【今注】案，夏燮《校漢書八表》指出，宣帝地節三年（前67）六月並無壬戌日（對照《二十史朔閏表》確實如此），此處"壬戌"或爲"壬辰"之誤。

［155］【今注】案，王先謙《漢書補注》：《史表》"弘"作

"賓"。

[156]【今注】酎：經過多次發酵的酒。在漢代常用於宗廟祭祀。 司馬門：指皇宮的外門。

[157]【今注】平昌：侯國名。治所在今山東臨邑縣東北。

[158]【今注】案，千，大德本同，蔡琪本、殿本作"百"。

[159]【顏注】師古曰：以其失爵復之也。復音方目反。

[160]【今注】樂昌：侯國名。治所在今河南南樂縣西北。

[161]【今注】千，大德本同，蔡琪本、殿本作"白"。

[162]【今注】案，蔡琪本、大德本、殿本"二月"前有"四年"二字。

[163]【今注】陽城：侯國名。治所在今河南商水縣舒莊鄉扶蘇村。

[164]【今注】宗正：九卿之一，掌管與宗室親貴有關的事務，秩中二千石。平帝元始四年（4）更名宗伯，新莽時期併入秩宗（原太常）。 率：表率，楷模。

[165]【今注】案，底本"減"字漫漶，大德本作"減"，蔡琪本、殿本作"降"。

[166]【今注】案，王先謙《漢書補注》引蘇輿曰："上已出'四年'，此'四年'二字當衍。"夏燮《校漢書八表》指出，宣帝地節四年（前66）三月無甲寅日（據《二十史朔閏表》此説屬實），毛氏汲古閣本作"甲辰"，當是。又，辰，蔡琪本、大德本同，殿本作"寅"。

[167]【今注】案，八，蔡琪本、大德本同，殿本作"十八"。

[168]【今注】案，蔡琪本此句後有注："劉氏校本云：'據下嗣合五十三年薨。'"

[169]【顏注】師古曰：颯音立。【今注】案，王先謙《漢書補注》考證，《漢書》卷五三《劉德傳》及《宋書》卷一《武帝紀》中，侯颯皆名"岑"而不名"颯"，疑表有誤。

[170]【今注】樂陵：侯國名。地望無考。

[171]【顏注】師古曰：與讀曰豫。

[172]【今注】武陽：侯國名。治所在今山東蘭陵縣西南。

[173]【今注】案，七，蔡琪本、大德本同，殿本作“十”。

[174]【今注】邛成：侯國名。治所在今山東成武縣成武鎮郜鼎集村。

[175]【今注】案，夏燮《校漢書八表》指出，從宣帝元康二年（前64）到元帝初元元年（前48）當爲十七年。蔡琪本、白鷺洲本此句後有注：“劉氏校本云：‘據下嗣合十七年。’”

[176]【今注】案，一，蔡琪本、大德本同，殿本作“二”。

[177]【今注】案，二，蔡琪本、大德本同，殿本作“三”。

[178]【今注】選舉：選拔舉薦人才，亦可指選官的制度。廷史：廷尉之下主管文書記事的屬吏。漢代常將主管文書記事的吏員稱作“史”。

[179]【今注】安平：侯國名。錢大昕在《廿二史考異·史記二》中認爲，“安平”當作“平安”。治所在今山東桓臺縣馬踏湖一帶。

[180]【今注】侍中：秦時爲丞相屬吏，西漢初年爲皇帝身邊的侍從官，武帝以後成爲加官，加侍中者得入禁中，參與内朝事務。東漢時，侍中成爲正式的官職，侍從皇帝左右，贊導宫内諸事，顧問應對，並在皇帝出行時擔任參乘或騎馬在法駕後跟隨。秩比二千石。　中郎將：漢代光禄勳的一類屬官，包括五官中郎將、左中郎將、右中郎將、虎賁中郎將、羽林中郎將等，分別統領一部郎官或羽林騎，負責殿内的宿衛工作，此外中郎將有時還接受差遣，進行覽觀地方風俗、出使他國、領兵出征等任務。秩比二千石。東漢時中郎將呈現出明顯的外官化趨勢，西漢時有派中郎將出使匈奴的傳統，東漢時正式設置匈奴中郎將監護南匈奴，東漢中郎將領兵出征的頻率也大大增加，且常作爲主帥或使者監軍統兵作戰，與西漢中郎將作爲將軍之部將作戰的現象形成鮮明的對比。東漢後期，出於戰爭需要，逐漸產生東、南、西、北四中郎將，並出

現了大量的雜號中郎將。

[181]【今注】案，王先謙《漢書補注》引朱一新曰：“據《元紀》‘癸卯’上當增‘三月’二字。”

[182]【今注】將陵：侯國名。治所在今山東德州市陵城區境內。

[183]【今注】悼皇考：漢宣帝的父親。

[184]【今注】案，夏燮《校漢書八表》據《漢書》卷八《宣紀》指出，史曾以下五人，均受封於宣帝元康三年（前63）。又，蔡琪本此句後有注“劉氏校本云：‘據元康二年至神爵四年乃七年’”。

[185]【今注】平臺：侯國名。地望無考。

[186]【今注】案，蔡琪本此句後有注：“劉氏校本云：‘據下嗣合二十六年’。”

[187]【顏注】師古曰：恁音女林反。

[188]【今注】博望：侯國名。治所在今河南方城縣博望鎮。

[189]【今注】同產：古代的一類親屬關係，具體所指存在爭議，或以爲指兄弟姊妹，或以爲指同父兄弟姊妹，或以爲指同母兄弟姊妹。　長樂衛尉：官名。負責長樂宮的宿衛工作。秩二千石。

[190]【今注】案，王先謙《漢書補注》：《史表》“敞”作“延年”。又，三，大德本同，蔡琪本、殿本作“二”。

[191]【今注】樂成：侯國名。治所在今河南泌陽縣南。

[192]【今注】案，底本“皇太子外祖父”及“弟”字漫漶，據蔡琪本、大德本、殿本補；蔡琪本在“千”字前有“一”字，大德本、殿本無。

[193]【今注】案，王先謙《漢書補注》引蘇輿曰：“自元康二年至甘露元年凡十二年，延壽前一年薨，當云‘十一年’。”又，蔡琪本此句後有注：“劉氏校本云：‘據下嗣合十一年。’”

[194]【今注】案，恩，蔡琪本、白鷺洲本同，大德本、殿本作“思”。

[195]【今注】案，蔡琪本此句後有注：“劉氏校本云：‘據下

建昭元年去疾嗣而此云元延，誤也。'"

[196]【今注】疾，大德本、殿本同，蔡琪本、白鷺洲本作"病"。

[197]【今注】博陽：侯國名。治所在今河南周口市東南。

[198]【今注】案，王先謙《漢書補注》引朱一新曰："據《宣紀》當作'三月'。"三，蔡琪本、大德本同，殿本作"二"。

[199]【今注】案，殿本"顯"前有"侯"字，蔡琪本、大德本無。

[200]【今注】案，一，大德本同，蔡琪本、殿本作"二"。

[201]【今注】案，王先謙《漢書補注》：本書卷七四《丙吉傳》作"王莽時絕"。

[202]【今注】建成：侯國名。治所在今河南永城市東南。

[203]【今注】案，陳景雲《兩漢訂誤》認爲，"賞"當作"輔"。《漢書考證》劉攽：成帝陽朔四年（前21），侯霸立定陶事時非侯賞矣。

[204]【今注】案，夏燮《校漢書八表》據本書卷八《宣紀》、《百官公卿表》及其本傳指出，黃霸於宣帝甘露三年（前51）薨，與本表相差一年。二，大德本、殿本同，蔡琪本作"三"。

[205]【今注】案，王先謙《漢書補注》認爲當作"二十九年薨"。

[206]【今注】案，王先謙《漢書補注》據其本傳認爲，"輔"當作"忠"，且子不當與父同名。

[207]【今注】西平：侯國名。地望無考。

[208]【今注】案，夏燮《校漢書八表》：宣帝甘露三年（前51）五月無甲子，本書《百官公卿表》繫定國爲丞相於五月甲午，此表"子"字當爲"午"字之誤。

[209]【今注】案，七，蔡琪本、大德本同，殿本作"四"；蔡琪本此句後有注："劉氏校本云：'據下嗣合二十年薨。'"

[210]【今注】陽平：侯國名。治所在今山東莘縣。王先謙

《漢書補注》：《史表》名“傑”。

［211］【今注】案，永光二年，大德本、殿本同，蔡琪本作“永光三年”。

［212］【今注】案，蔡琪本此句後有注：“劉氏校本云：據上算鳳合永光二年嗣至陽朔三年薨合是二十一年”；七，蔡琪本同，大德本、殿本作“四”。

［213］【今注】案，二，蔡琪本、大德本同，殿本作“三”。

［214］【今注】案，蔡琪本此句後有注：“劉氏校本云：‘據上陽朔三年鳳薨此當云四年襄嗣，十八年薨。’”

［215］【今注】安成：侯國名。治所在今河南正陽縣寒凍鎮固城寺村。

［216］【今注】案，子，蔡琪本、大德本同，殿本作“午”。

［217］【今注】案，后，大德本、殿本同，蔡琪本作“子”。

散騎：加官。加此官者須在皇帝出行時傍車與騎馬散從，並可參與内朝事務。

［218］【今注】案，夏燮《校漢書八表》指出，本書卷九七《外戚傳》記載崇封後五年薨。 又，一，大德本同，蔡琪本、殿本作“二”。

［219］【今注】平阿：侯國名。治所在今安徽懷遠縣西南平羕山附近。

［220］【今注】成都：侯國名。治所在今山東鄄城縣東南。

［221］【今注】案，王先謙《漢書補注》認爲“十六年”當作“十八年”。

［222］【今注】案，陰，蔡琪本、大德本同，殿本作“隆”。蔡琪本、白鷺洲本此句後有注：“劉氏校本云：‘據《莽傳》，邑爲隆新公，此表誤。’”

［223］【今注】紅陽：侯國名。治所在今河南葉縣南。

［224］【今注】案，王先謙《漢書補注》認爲，立爲莽所殺，不當書“薨”。又，一，大德本、殿本同，蔡琪本作“二”。

［225］【今注】案，夏燮《校漢書八表》：丹爲立少子，泓乃立孫，"曾"字疑衍。桓，大德本、殿本同，蔡琪本、白鷺洲本作"相"。

［226］【今注】曲陽：侯國名。治所在今安徽壽縣東北，洛河南。

［227］【今注】侯，蔡琪本、大德本同，殿本作"侯侯"。

［228］【今注】案，王先謙《漢書補注》引朱一新的觀點，認爲"七千"當爲"六千"方與本書卷九八《元后傳》的記載相合。

［229］【今注】高平：侯國名。治所在今江蘇泗洪縣南城頭。

［230］【今注】案，王先謙《漢書補注》：本書卷九七《外戚傳》"置"作"買之"。

［231］【今注】新都：侯國名。治所在今河南新野縣王莊鎮九女城村。

［232］【今注】案，永，殿本作"建"。

［233］【今注】襃新：侯國名。錢大昭《漢書辨疑》卷八："莽改汝南新蔡曰新遷。新、信古字通，然則襃新亦即新蔡。"案，漢代新蔡縣治所在今河南新蔡縣境內（參見王玉清、傅春喜《漢汝南郡縣考》，《新出汝南郡秦漢封泥集》，上海書店出版社 2009 年版，第 34 頁）。

［234］【今注】案，元年，蔡琪本、大德本同，殿本作"元始"。

［235］【今注】賞都：侯國名。王先謙《漢書補注》："國在汝南宜祿，莽後更宜祿曰賞都亭也。"案，漢宜祿縣治所在今河南鄲城縣東南（參見王玉清、傅春喜《漢汝南郡縣考》，第 37 頁）。又，户，蔡琪本、殿本同，蔡琪本此句後有注："劉氏校本云：'據《平紀》是元始四年封。'"

［236］【今注】樂安：侯國名。治所在今江蘇泗縣東北潼城。

［237］【今注】安昌：侯國名。治所在今河南確山縣石滚河鄉大黃灣村。

[238]【今注】案，蔡琪本同，殿本、大德本“十”字後有“一”字。

[239]【今注】案，夏爕《校漢書八表》：按禹封二十一年薨，應在哀帝建平二年（前5）。證之禹傳，亦云哀帝建平二年薨。據此，則宏嗣應在建平三年。

[240]【今注】高陽：侯國名。治所在今山東莒縣西北。

[241]【今注】案，王先謙《漢書補注》：傳作“千户”。又，十，大德本、殿本同，蔡琪本作“百”。

[242]【今注】案，夏爕《校漢書八表》指出，薛宣本傳記載，其復封在免後二年。

[243]【今注】安陽：侯國名。治所在今河南正陽縣大林鄉塗店村。

[244]【今注】從，蔡琪本、白鷺洲本、大德本同，殿本作“昆”。

[245]【今注】案，夏爕《校漢書八表》：舜以王莽始建國三年（11）死，見本書卷六九《王莽傳》。傳言莽以其子延襲舜爵，爲安新公，與此表異。

[246]【今注】成陽：侯國名。治所在今河南息縣境内。

[247]【今注】案，訢，蔡琪本、白鷺洲本、大德本同，殿本作“訴”。

[248]【今注】新成：侯國名。治所在今河南鄧州市西北七十里。

[249]【今注】高陵：侯國名。地望無考。

[250]【今注】案，一，蔡琪本、白鷺洲本、大德本同，殿本作“二”，且無“八千户”三字。殿本《漢書考證》云，“八千户”爲監本衍文，從宋本删。

[251]【今注】定陵：侯國名。治所在今河南漯河市郾城區西北六十里。

[252]【今注】案，待，蔡琪本、白鷺洲本、大德本、殿本作“侍”。 衞尉：九卿之一，掌宮門衞屯兵，統帥南軍，負責宮内殿

外的宿衞。秩中二千石。

［253］【今注】案，二，蔡琪本、白鷺洲本、大德本同，殿本作“一”。

［254］【今注】殷紹嘉：侯國名。地望無考。王先謙《漢書補注》認爲，其在汝南郡新郪縣。案，新郪縣治所在今安徽太和縣北。

［255］【顏注】師古曰：適讀曰嫡。孔吉之嫡子也。【今注】案，王先謙《漢書補注》指出本書卷一〇《漢書·成紀》中所封爲孔吉而非孔何齊，時間爲三月而非六月，與表不同。又，適，蔡琪本、白鷺洲本、殿本同，大德本作“遍”。

［256］【今注】案，十二，蔡琪本、白鷺洲本、殿本同，大德本作“十户”。

［257］【今注】案，王先謙《漢書補注》引蘇輿曰：“據《平紀》在元始四年，與表異。”又，蔡琪本、白鷺洲本此句後有注：“劉氏校本云：‘據《平紀》元始四年爲宋公，此當爲四年，在位合十一年。’”

［258］【今注】宜鄉：侯國名。地望無考。

［259］【今注】祝詛：祝告鬼神，使加禍於他人。

［260］【顏注】師古曰：氾音凡。【今注】氾鄉：侯國名。初封琅邪郡不其縣（今山東青島市城陽區），哀帝建平元年（前6）徙封南陽酇縣博望鄉（今河南魯山縣境內）。

［261］【今注】大司空：漢代一定時期内的“三公”之一。成帝綏和元年（前8）改御史大夫爲大司空，並賜大司馬印綬；哀帝建平二年（前5）恢復舊制；哀帝元壽二年（前1）五月復綏和制度，並將丞相改稱大司徒；東漢光武帝建武二十七年（51），“大司空”“大司徒”去“大”字，省大司馬，設太尉，形成司徒、司空和太尉並立的三公制。東漢獻帝建安十三年（208），罷三公官，設丞相、御史大夫。

［262］【今注】案，王先謙《漢書補注》：本傳：莽篡位，免況爲庶人。則當云“王莽時絕”。此書“建國四年薨”，是未免之

文，疑有誤。

[263]【今注】博山：侯國名。治所在今河南淅川縣舊李官橋鎮。

[264]【今注】案，夏燮《校漢書八表》據本書《百官公卿表》認爲，孔光於七月丙午復爲丞相。

[265]【今注】案，侯，蔡琪本、白鷺洲本、大德本同，殿本無“侯”字。

[266]【今注】陽安：侯國名。治所在今河南汝南縣韓莊鄉古城灣村。

[267]【今注】案，十，蔡琪本、大德本、白鷺洲本、殿本作“千”。

[268]【今注】案，殿本“殺”前有“所”字。

[269]【今注】孔鄉：侯國名。治所在今安徽泗縣。

[270]【今注】合浦：郡、縣名。漢武帝元鼎六年（前111）設置。合浦郡的轄區大約在今廣西南部、廣東西南部及海南一帶，合浦縣很長一段時期內是合浦郡治，治所在今廣西浦北縣。

[271]【今注】平周：侯國名。治所在今河南唐河縣胡陽鎮附近。

[272]【今注】案，蔡琪本、白鷺洲本此句後有注：“劉氏校本云：‘“三年”當爲“元年”。’”

[273]【今注】高樂：侯國名。治所在今河南新野縣。

[274]【今注】案，侯侯，大德本、殿本同，蔡琪本、白鷺洲本作“侯”。

[275]【今注】案，王先謙《漢書補注》引蘇輿曰：本書卷八六《師丹傳》作“戶二千一百”，舉成數。

[276]【今注】案，二月甍，蔡琪本、白鷺洲本、殿本同，大德本作“三月甍”。

[277]【今注】高武：侯國名。確址無考，治所當在漢杜衍縣附近（今河南南陽市南）。成帝綏和二年（前7）以後所封的侯國，其地望參見周振鶴、李曉杰、張莉《中國行政區劃通史·秦漢卷》（復旦大學出版社2016年版）。

［278］【今注】皇大太后：漢哀帝祖母傅太后的尊號。皇大太后，蔡琪本、白鷺洲本作"皇太太后"，大德本作"皇大大后"，殿本作"太皇太后"。

［279］【今注】楊鄉：侯國名。據本表，楊鄉侯國在湖陵。案，漢代名爲"湖陵"的縣級行政區有兩個：一爲湖陵縣，屬山陽郡，治所在今山東魚臺縣東南；一爲湖陵邑，屬廬江郡，治所在今安徽太湖縣東。錢大昭《漢書辨疑》：本書卷八三《朱博傳》作"陽鄉"。又，楊，蔡琪本、白鷺洲本、殿本同，大德本作"禓"。

［280］【今注】新甫：侯國名。治所在今河南新野縣附近。

［281］【今注】案，王先謙《漢書補注》引朱一新曰："《嘉傳》'千一百户'，舉成數。"

［282］【今注】案，三，蔡琪本、白鷺洲本、大德本同，殿本作"二"。

［283］【今注】庾死：犯人在獄中因飢寒而死。

［284］【今注】汝昌：侯國名。漢無陽穀縣，王先謙《漢書補注》指出，"陽穀"應爲"穀陽"誤倒。漢穀陽縣屬沛郡，治所在今安徽固鎮縣西北，汝昌侯國的地望當與之相距不遠。

［285］【今注】案，癸，大德本、殿本同，蔡琪本、白鷺洲本作"辛"。

［286］【今注】陽新：侯國名。治所當在今河南新野縣附近。錢大昭《漢書辨疑》指出，本書卷一一《哀紀》、卷八五《杜鄴傳》、卷九七《外戚傳》均作"陽信"，卷八六《王嘉傳》中作"陽新"，信、新可通。

［287］【今注】案，皇大大后，蔡琪本、白鷺洲本作"皇太太后"，大德本作"皇大太后"，殿本作"太皇太后"。

［288］【今注】高安：侯國名。地望無考。

［289］【今注】騎馬都尉：官名。當即駙馬都尉。掌副車之馬，武帝年間置。秩比二千石。騎，蔡琪本、大德本、白鷺洲本、殿本作"駙"。

[290]【今注】案，二，蔡琪本、白鷺洲本、殿本同，大德本作“三”。

[291]【今注】方陽：侯國名。確址無考。漢龍亢縣屬沛郡，治所在今安徽懷遠縣西北，方陽侯國的地望當與之相距不遠。

[292]【今注】騎都尉：官職名。掌監羽林騎，漢武帝始置。秩比二千石。錢大昭《漢書辨疑》：本書卷一一《哀紀》作“南陽太守”。　案，與，蔡琪本、白鷺洲本、大德本同，殿本作“兵”。

[293]【今注】宜陵：侯國名。確址無考。漢杜衍縣屬南陽郡，治所在今河南南陽市南，宜陵侯國的地望當與之相距不遠。

[294]【今注】長平：侯國名。治所在今河南西華縣東北。

[295]【今注】案，二，蔡琪本、白鷺洲本、大德本同，殿本作“三”。

[296]【今注】案，錢大昭《漢書辨疑》：新都侯王莽，成帝永始元年（前16）封，表於成帝隨父八人之內，已及之，此又見於哀帝下，誤矣。德侯劉勳以哀帝元壽二年（前1）紹封，見《王子侯表》。營陵侯劉歸生以劉澤元孫之孫紹封，見《荆燕吳傳》而表不書，史之脱漏也。又考成都侯王邑以成帝建平二年（前5）紹封，汝昌侯傅昌以元壽二年紹封，亦當在隨父之例而此表失數之。又，三，蔡琪本、白鷺洲本、大德本同，殿本作“二”。

[297]【今注】扶德：侯國名。確址無考。漢贛榆縣屬琅邪郡，治所在今江蘇連雲港市贛榆區北，扶德侯國的地望當與之相距不遠。

[298]【今注】大司徒：漢代一定時期内的“三公”之一。詳見上文注“大司空”條。

[299]【今注】扶平：侯國名。地望無考。

[300]【今注】廣陽：侯國名。地望無考。

[301]【今注】案，王先謙《漢書補注》：“左”當作“右”，見本書《百官公卿表》。

[302]【顏注】師古曰：承音丞。【今注】承陽：地望無考。

[303]【今注】案，夏燮《校漢書八表》指出，平帝元始元年（1）三月無癸卯日（據《二十史朔閏表》此説屬實），當作"二月"。

[304]【今注】案，承新公，大德本、殿本同，蔡琪本、白鷺洲本作"新承公"。

[305]【今注】襃魯：侯國名。王先謙《漢書補注》："《地理志》：'泰山郡桃山，莽曰襃魯'，蓋即封寬時改名，是襃魯即桃山也。'陽平'，'平陽'倒文。泰山郡有東平陽縣，又有南武陽縣，'南''平'二字當有一誤。蓋前此桃山係析二縣所分置，後改襃魯，故仍係之舊縣下耳。"案，東漢泰山郡有桃山縣，其治在今山東寧陽縣東北，《中國歷史地圖集》認爲此即桃山侯國所在，然《中國行政區劃通史·秦漢卷》認爲二者並非一地，桃山侯國地望無考。又，王先謙《漢書補注》：本書卷一二《平紀》封公孫相如，與表異。楊樹達《漢書窺管》：《紀》明誤以爲相如之嗣封爲始封，王氏不能校正，而以爲異文，誤。

[306]【今注】案，"相如"二字底本漫漶，據蔡琪本、大德本、白鷺洲本、殿本補。

[307]【今注】襃成：侯國名。漢瑕丘縣屬山陽郡，治所在今山東濟寧市兗州區北，襃成侯國當與之相距不遠。

[308]【今注】案，魯，大德本、殿本同，蔡琪本、白鷺洲本作"曾"。

[309]【今注】案，户，大德本、殿本同，蔡琪本、白鷺洲本作"石"。

[310]【今注】案，蔡琪本、白鷺洲本"封"後有"甍"字。又，蔡琪本、白鷺洲本此句後有注："劉氏校本云：'監本、越本無甍字。'"

[311]【今注】防鄉：侯國名。錢大昭《漢書辨疑》認爲，防鄉侯國或因魯國防邑而設。防邑在今山東費縣一帶。

[312]【今注】明堂辟雍：古代皇家禮制建築，古代天子在此

郊祀天地，或舉行朝會、慶賞等活動。"辟雍"也可用於指稱太學。（參見張一兵《明堂制度研究——明堂制度的源流》，博士學位論文，吉林大學，2004 年）　案，歆，大德本同，蔡琪本、白鷺洲本、殿本作"欽"；求，大德本同，蔡琪本、白鷺洲本、殿本作"永"；驪，蔡琪本、白鷺洲本、殿本同，大德本作"懽"。

[313]【今注】案，夏燮《校漢書八表》據《通鑑考異》指出，平帝元始五年（5）閏月無丁丑日（據《二十史朔閏表》此説屬實），且與平晏同封的三人均於閏月丁酉受封，"丁丑"當作"丁酉"。

[314]【今注】紅休：侯國名。王先謙《漢書補注》認爲紅休侯國由紅、休二地合併而來。紅侯國，屬沛郡，治所在今安徽五河縣西；休侯國，屬薛郡，治所在今山東滕州市大塢鎮休城村。

[315]【今注】犧和：官名。即大司農，王莽篡位後改名。

[316]【今注】案，議，蔡琪本、白鷺洲本、大德本、殿本作"誅"。

[317]【今注】寧鄉：侯國名。地望無考。　案，求，大德本同，蔡琪本、白鷺洲本、殿本作"永"。

[318]【今注】案，益，蔡琪本同，大德本、白鷺洲本、殿本作"爲"。

[319]【今注】定鄉：侯國名。地望無考。

[320]【今注】謁者：光禄勳屬吏，掌賓贊受事，秩比六百石，員七十人。其長爲謁者僕射，秩比千石。

[321]【顏注】師古曰：惲音於粉反。【今注】常鄉：侯國名。地望無考。

[322]【今注】大僕：九卿之一，掌輿馬。秩中二千石。案，八，大德本、白鷺洲本、殿本同，蔡琪本無"八"字。

[323]【今注】望鄉：侯國名。地望無考。

[324]【今注】南鄉：侯國名。地望無考。

[325]【今注】大司徒司直：原丞相司直，漢武帝元狩五年

（前118）初置，掌佐丞相舉不法。秩比二千石。

[326]【今注】邑鄉：侯國名。地望無考。

[327]【今注】水衡都尉：官名。掌上林苑、鑄錢及部分皇室財政。秩比二千石。漢武帝元鼎二年（前115）初置，光武帝時省，併其職於少府，僅在每年立秋貙劉（天子於立秋日射牲以祭宗廟之禮）之日臨時設置，事訖乃罷。

[328]【今注】亭鄉：侯國名。地望無考。

[329]【今注】章鄉：侯國名。地望無考。 案，殷，蔡琪本、白鷺洲本、殿本同，大德本作“股”。

[330]【顏注】師古曰：逯音録，字或作逮（逮，蔡琪本、白鷺洲本、殿本同，大德本作“逯”）。二姓皆有之。【今注】蒙鄉：侯國名。地望無考。

[331]【今注】盧鄉：侯國名。地望無考。

[332]【今注】案，王，蔡琪本、白鷺洲本、殿本同，大德本作“三”。

[333]【今注】成武：侯國名。治所在今山東成武縣。

[334]【今注】強弩將軍：漢代將軍名號。屬雜號將軍，不常置。案，強，大德本、殿本同，蔡琪本、白鷺洲本作“彊”。 折衝：克敵制勝。

[335]【今注】案，新成公，蔡琪本、白鷺洲本同，大德本、殿本作“成新公”。

[336]【今注】明統：侯國名。地望無考。

[337]【今注】破胡：侯國名。地望無考。

[338]【今注】案，郅，蔡琪本、白鷺洲本、殿本同，大德本作“到”。

[339]【今注】討狄：侯國名。地望無考。

[340]【今注】案，錢大昭《漢書辨疑》：本書卷七〇《陳湯傳》“假”作“候”。又，支，蔡琪本、白鷺洲本、殿本同，大德本作“文”；首，蔡琪本、白鷺洲本、殿本同，大德本作“一曰”。

［341］【顏注】師古曰：據《功臣表》及《王子侯表》，平帝時無紅侯，唯周勃玄孫恭以元始二年紹封絳侯。疑紅字當爲絳，轉寫者誤耳。又《功臣表》作童鄉侯，今此作章鄉，二表不同，亦當有誤也。【今注】案，《漢書考證》劉攽：予謂今有虹縣，音降，然則紅亦有降音也。又，襃，蔡琪本、白鷺洲本、殿本同，大德本作“襄”。

漢書　卷一九上

百官公卿表第七上[1]

　　[1]【顏注】師古曰：漢制，三公號稱萬石，其俸月各三百五十斛穀。其稱中二千石者月各百八十斛，二千石者百二十斛，比二千石者百斛，千石者九十斛，比千石者八十斛，六百石者七十斛，比六百石者六十斛，四百石者五十斛，比四百石者四十五斛，三百石者四十斛，比三百石者三十七斛，二百石者三十斛，比二百石者二十七斛，一百石十六斛（大德本、殿本“一百石”後有“者”字）。【今注】案，俞樾《湖樓筆談》卷四引《初學記》載《漢官》云，“秦漢秩有中二千石、真二千石、二千石、比二千石，凡四等。比二千石，月得粟百石；二千石，月得粟百二十石；真二千石，月得粟百五十石；中二千石，月得粟百八石”，以爲漢制有真二千石。《初學記》所引，可補《漢書》《後漢書》之闕。周壽昌《漢書注校補》以爲，除顏引漢制官奉十五等外，尚有八百石、比八百石、五百石、比五百石四等，本書卷一○《成紀》“陽朔二年夏五月，除吏八百石、五百石秩”，李奇注；“除八百就六百，除五百就四百。”是當時除去此四秩，後漢及晉承之。又八百石僅諫大夫一官，左、右庶長爵不常置，五百石僅縣長一官，皆容易省併。楊樹達《漢書窺管》引李慈銘以爲，班固此表表例未能畫一。三公、將軍外，有太常、光祿勳、衛尉、太僕、廷尉、大鴻臚、宗正、大司農、少府、執金吾、水衡都尉，已十一卿，又加有三輔，則固不限於九卿。水衡都尉及三輔秩皆二千石，則固不限於

中二千石。太子太傅、少傅，將作大匠，詹事、大長秋，典屬國皆二千石，將作等四官皆號列卿，又不列。秦漢“九卿”制，參見卜憲群《秦漢九卿源流及其性質問題》（《南都學壇》2002 年第 6 期）、孫正軍《漢代九卿制度的形成》（《歷史研究》2019 年第 5 期）。

　　《易》叙宓羲、神農、黃帝作教化民，[1] 而《傳》述其官，[2] 以爲宓羲龍師名官，[3] 神農火師火名，[4] 黃帝雲師雲名，[5] 少昊鳥師鳥名。[6] 自顓頊以來，爲民師而命以民事，[7] 有重黎、句芒、祝融、后土、蓐收、玄冥之官，然已上矣。[8]

　　[1]【顏注】應劭曰：宓羲氏始作八卦，神農氏爲耒耜，黃帝氏作衣裳，神而化之，使民宜之。師古曰：見《易·下繫》。宓，音“伏”，字本作“虙”，轉寫訛謬耳。

　　[2]【顏注】師古曰：《春秋左氏傳》載郯子所説也。【今注】案，見《左傳》昭公十七年傳文。

　　[3]【顏注】應劭曰：師者，長也。以龍紀其官長，故爲龍師。春官爲青龍，夏官爲赤龍，秋官爲白龍，冬官爲黑龍，中官爲黃龍。張晏曰：庖羲將興，神龍負圖而至，因以名師與官也。

　　[4]【顏注】應劭曰：火德也，故爲炎帝。春官爲大火，夏官爲鶉火，秋官爲西火，冬官爲北火，中官爲中火。張晏曰：神農有火星之瑞，因以名師與官也。

　　[5]【顏注】應劭曰：黃帝受命有雲瑞，故以雲紀事也。由是而言，故春官爲青雲，夏官爲縉雲，秋官爲白雲，冬官爲黑雲，中官爲黃雲。張晏曰：黃帝有景雲之應，因以名師與官也。

　　[6]【顏注】應劭曰：金天氏，黃帝子青陽也。張晏曰：少

昊之立，鳳鳥適至，因以名官。鳳鳥氏爲歷正，玄鳥司分，伯趙司至，青鳥司開，丹鳥司閉。師古曰：玄鳥，燕也。伯趙，伯勞也。青鳥，鶬鴳也。丹鳥，鷩雉也。

[7]【顏注】應劭曰：顓頊氏代少昊者也，不能紀遠，始以職事命官也。春官爲木正（木，殿本誤作"才"），夏官爲火正，秋官爲金正，冬官爲水正，中官爲土正。師古曰：自此以上皆郯子之辭也。

[8]【顏注】應劭曰：少昊有四叔，重爲句芒，胲爲蓐收，脩及熙爲玄冥。顓頊氏有子曰黎，爲祝融。共工氏有子曰句龍，爲后土。故有五行之官，皆封爲上公，祀爲貴神。師古曰：上，謂其事久遠也。胲，音該。

《書》載唐虞之際，命羲和四子[1]順天文，授民時；咨四岳，以舉賢材，揚側陋；[2]十有二牧，柔遠能邇；[3]禹作司空，平水土；[4]棄作后稷，播百穀；[5]卨作司徒，敷五教；[6]咎繇作士，正五刑；[7]垂作共工，利器用；[8]益作朕虞，育草木鳥獸；[9]伯夷作秩宗，典三禮；[10]夔典樂，和神人；[11]龍作納言，出入帝命。[12]

[1]【顏注】應劭曰：堯命四子分掌四時之教化也。張晏曰：四子，謂羲仲、羲叔、和仲、和叔也。師古曰：事見《虞書·堯典》。

[2]【顏注】師古曰：四嶽，分主四方諸侯者。【今注】側陋：處在僻陋之處的賢人或卑賤的賢者。

[3]【顏注】應劭曰：牧，州牧也。師古曰：柔，安也。能，善也。邇，近也。【今注】十有二牧：十二州官長。十二州爲堯舜時代的行政區劃制度。《尚書·堯典》："肇十有二州。"馬融認爲是

冀、兖、青、徐、荆、揚、豫、梁、雍、幽、并、營州。

[4]【顏注】師古曰：空，穴也。古人穴居，主穿土爲穴以居人也。【今注】司空：王先謙《漢書補注》引《白虎通》曰："司空主土，不言土言空者，空尚主之，何況於實，以微見著。"

[5]【顏注】應劭曰：棄，臣名也。后，主也，爲比稷官之主也（比，蔡琪本、大德本、殿本作"此"，是）。師古曰：播，謂布種也。【今注】棄：后稷。周始祖，事迹見《史記》卷四《周本紀》。

[6]【顏注】應劭曰：五教，父義、母慈、兄友、弟恭、子孝也。師古曰：禼，音先列反。【今注】禼（xiè）：商始祖，事迹見《史記》卷三《殷本紀》。 司徒：王先謙《漢書補注》引《白虎通》曰："司徒主人，不言人言徒者，徒，衆也，重民衆。"案，敬，殿本作"敷"，同。

[7]【顏注】應劭曰：士，獄官之長。張晏曰：五刑，謂墨、劓、剕、臏、宮、大辟也。師古曰：咎，音皋。繇，音弋昭反。墨，鑿其額而涅以墨也（額，殿本作"額"，同）。劓，斷足也。剕，割鼻也。臏，去髕骨也。宮，陰刑也。大辟，殺之也。【今注】咎繇：又作"皋陶"。偃姓。舜命作掌刑法之官。禹繼位，委之以政，選爲繼承者。早死。

[8]【顏注】應劭曰：垂，臣名也；爲共工，理百工之事也。師古曰：共，讀曰"龔"。

[9]【顏注】應劭曰：益，伯益也。虞，掌山澤禽獸官名也。師古曰："益"，古"益"字也。虞，度也，主商度山川之事。【今注】益：伯益。或作"伯翳""柏翳"。舜命伯益爲虞，掌草木鳥獸。又佐禹治水，有功，賜姓嬴，爲嬴姓諸侯祖先。禹定伯益爲繼承者，伯益讓於禹子启，避居箕山之陽。一說，因爭君位而爲启所殺。陳直《漢書新證》以爲是戰國流傳之古文。

[10]【顏注】應劭曰：伯夷，臣名也。典天神、地祇、人鬼之

禮也。師古曰：秩，次也。宗，尊也。主尊神之禮，可以次序也。

　　[11]【顏注】應劭曰：夔，臣名也。師古曰：夔，音鉅龜反。

　　[12]【顏注】應劭曰：龍，臣名也。納言，如今尚書，管王之喉舌也。師古曰：自此以上皆《堯典》之文。【今注】案，錢大昭《漢書辨疑》以爲，“納”當爲“内”。

　　夏、殷亡聞焉，[1]周官則備矣。[2]天官冢宰，地官司徒，春官宗伯，夏官司馬，秋官司寇，冬官司空，是爲六卿，[3]各有徒屬職分，用於百事。[4]太師、太傅、太保，是爲三公，[5]蓋參天子，坐而議政，無不總統，故不以一職爲官名。又立三少爲之副，少師、少傅、少保，是爲孤卿，與六卿爲九焉。《記》曰“三公無官”，言有其人然后充之，[6]舜之於堯，伊尹於湯，[7]周公、召公於周是也。[8]或説司馬主天，司徒主人，司空主土，是爲三公。四岳謂四方諸侯。自周衰，官失而百職亂，戰國並爭，各變異。秦兼天下，建皇帝之號，[9]立百官之職。漢因循而不革，[10]明簡易，隨時宜也。其後頗有所改。王莽篡位，慕從古官，而吏民弗安，亦多虐政，遂以亂亡。故略表舉大分，[11]以通古今，備温故知新之義云。[12]

　　[1]【顏注】師古曰：言夏、殷置官事不見於書傳也。《禮記·明堂位》曰“夏后氏官百，殷二百”，蓋言其大數而無職號統屬也。

　　[2]【顏注】師古曰：事見《周書·周官篇》及《周禮》也。【今注】案，顏師古所舉，《周官》爲《僞古文尚書》，《周禮》爲

戰國人整理，並非西周真實官制。兩周可考見官名，多自青銅器銘文，參見汪中文《西周册命金文所見官制研究》（臺灣編譯館1999年版）；劉雨、張亞初《西周金文官制研究》（中華書局2004年版）；徐宗元《金文中所見官名考》（《福建師範學院學報》1957年第2期）。

[3]【顏注】師古曰：冢宰掌邦治，司徒掌邦教，宗伯掌邦禮，司馬掌邦政，司寇掌邦禁，司空掌邦土也。

[4]【顏注】師古曰：言百者，舉大數也。分，音扶問反。

[5]【顏注】應劭曰：師，訓也。傅，覆也。保，養也。師古曰：傅，相也。

[6]【顏注】師古曰：不必備員，有德者乃處之。【今注】三公無官：見戴德《大戴禮記·盛德》。

[7]【今注】伊尹：名阿衡，一說名摯。相傳爲奴隸，有莘氏女嫁商湯，他作爲陪嫁媵臣事湯。後被任以國政，助湯攻滅夏桀，建立商朝。湯卒，立子外丙、中壬，後又佐湯孫太甲即位。太甲淫暴，他放逐太甲，後太甲悔改，接回復位。沃丁時病卒。一說太甲潛歸，殺伊尹。

[8]【今注】召公：周文王之子，姬姓，名奭。佐武王滅商紂，受封於北燕，爲燕之始祖。

[9]【顏注】張晏曰：五帝自以德不及三皇，故自去其皇號。三王又以德不及五帝，自損稱王。秦自以德襃二行，故兼稱之。

[10]【顏注】師古曰：革，改也。

[11]【顏注】師古曰：分，音扶問反。

[12]【顏注】師古曰：《論語》稱孔子曰"溫故而知新，可以爲師矣"。溫猶厚也。言厚蓄故事，多識於新，則可爲師。

相國、丞相，[1]皆秦官，[2]金印紫綬，掌丞天子助理萬機。[3]秦有左右，[4]高帝即位，置一丞相，十一年更名相國，綠綬。孝惠、高后置左右丞相，[5]文帝一年復置一丞相。[6]有兩長史，秩千石。[7]哀帝元壽二年更名大司徒。[8]武帝元狩五年初置司直，[9]秩比二千石，[10]掌佐丞相舉不法。[11]

　　[1]【顏注】應劭曰：丞者，承也。相者，助也。【今注】相國：陳直《漢書新證》指出，相國在六國及秦時，原名相邦，漢初因避高祖諱，故改爲相國。

　　[2]【今注】秦官：王先謙《漢書補注》曰：“《周紀》‘赧王令其相國之秦’，又云‘蘇代見韓相國’，《趙世家》烈侯相國公仲連，秦尚在後。表云‘秦官’者，以漢繼秦統言之。餘可例推。”陳直《漢書新證》引應劭《漢官儀》云：“相國丞相，皆六國時官。”以爲相國丞相，皆戰國時官，表云“秦官”，包括秦始皇兼併六國以前而言，“本表叙事，他皆類此”。

　　[3]【今注】丞：輔佐。

　　[4]【顏注】荀悦曰：秦本次國，命卿二人，是以置左右丞相，無三公官。【今注】左右：《漢書考證》齊召南以爲荀悦説非。秦置左右丞相始於悼武王二年，當時秦已稱王數世。且左相、右相，商湯已然。《左傳》載“仲虺居薛，爲湯左相”，是其明證。但丞相之名始於秦。案，齊説誤。班固稱“有左右”，非始置之意。

　　[5]【今注】左右丞相：王先謙《漢書補注》曰：“伊尹先仲虺，崔杼先慶封，皆右相，故漢以右爲尊。”

　　[6]【今注】案，一年，蔡琪本、大德本、殿本作“二年”，是。又，《史記》卷五六《陳丞相世家》載文帝繼位，“居頃之，絳侯謝病請免相，陳平專爲一丞相”。錢大昭《漢書辨疑》指出，本書卷六六《劉屈氂傳》載，武帝征和二年（前91），分丞相長史爲兩府，以劉屈氂爲左丞相，懸右丞相以待賢人。此不載其事。

　　[7]【今注】長史：職同丞相府總管（參見安作璋、熊鐵基

《秦漢官制史稿》，齊魯書社 2007 年版；祝總斌《兩漢魏晉南北朝宰相制度研究》，北京大學出版社 2017 年版）。承丞相之使，逐捕坐法人員；參與案獄的審理；給丞相出謀獻策，提供意見參考的職能（詳見胡彩雲《西漢丞相長史職能探析》，《忻州師範學院學報》2009 年第 6 期）。陳直《漢書新證》引衛宏《漢舊儀》又云：“漢初置相國史，秩五百石，後罷并爲丞相史。”與此表異。

［8］【今注】元壽：漢哀帝年號（前 2—前 1）。　大司徒：錢大昭《漢書辨疑》引《漢官儀》云：“王莽時，議以漢無司徒官，故定三公之號曰大司馬、大司徒、大司空。”周壽昌《漢書注校補》據《史記·漢興以來將相名臣年表》載，“孝景元年，置司徒官”，指出漢初已有司徒，至哀帝始加“大”字。

［9］【今注】司直：沈欽韓《漢書疏證》以爲“司直”本《淮南子·主術訓》“湯有司直之人”。陳直《漢書新證》引衛宏《漢舊儀》云：“丞相府司直一人，秩二千石，武帝初置曰司直官，今省。”與本表有異同。又《漢官儀》：“武帝置丞相司直。元壽二年改丞相爲大司徒，司直如故。”案，“司直”或本《詩·羊羔》“邦之司直”。

［10］【今注】案，周壽昌《漢書注校補》：《漢舊儀》作“二千石”。

［11］【今注】掌佐丞相舉不法：祝總斌《兩漢魏晉南北朝宰相制度研究》以爲，司直與御史中丞、司隸校尉不同，“似乎是通過審閱日常經過丞相府的各類文書，發現不法行爲，進行糾舉”。錢大昭《漢書辨疑》引《後漢書》卷二四《馬嚴傳》云：“故事，州郡所舉上奏，司直察能否以懲虛實。”張立鵬以爲，其主要職能包括諫諍、檢舉、彈劾、司德等（詳見張立鵬《漢代丞相司直論考》，《西安文理學院學報》2015 年第 2 期）。又，陳直《漢書新證》：“丞相府中屬吏今可考者，《漢舊儀》云：‘丞相初置吏員十五人，皆六百石，分爲東西曹，東曹九人，出督州爲刺史，西曹六人，其五人往來白事。東廂爲侍中一人留府，曰西曹領百官奏事。

長安給騎亭長七十人，六月一更。'"又引《漢舊儀》云："武帝元狩六年，丞相吏員三百八十二人，史二十人，秩四百石，少史八十人，秩三百石。屬百人，秩二百石。屬史百六十二人，秩百石。"又按："丞相史，見薛氏《鐘鼎款識》卷十九、二至三頁，丞相府漏壺。其見於《漢書》者，有少史，見《昭紀》。有主簿，見《孫寶傳》。有徵事，見《功臣表》任宮下。有大車屬，見《鄭崇傳》。有馭吏，見《丙吉傳》。蓋皆包括在《漢舊儀》所云吏員三百八十二人之內。"

太尉，秦官，[1]金印紫綬，掌武事。[2]武帝建元二年省。[3]元狩四年初置大司馬，[4]以冠將軍之號。[5]宣帝地節三年置大司馬，[6]不冠將軍，亦無印綬官屬。成帝綏和元年初賜大司馬金印紫綬，[7]置官屬，祿比丞相，去將軍。哀帝建平二年復去大司馬印綬、官屬，[8]冠將軍如故。元壽二年復賜大司馬印綬，置官屬，去將軍，位在司徒上。[9]有長史，秩千石。

[1]【顏注】應劭曰：自上安下曰尉，武官悉以爲稱。

[2]【今注】掌武事：王先謙《漢書補注》引《續漢書·百官志》本注曰："掌四方兵事功課，歲盡即奏其殿最而行賞罰。"

[3]【今注】建元：漢武帝年號（前140—前135）。

[4]【顏注】應劭曰：司馬，主武也，諸武官亦以爲號。【今注】元狩：漢武帝年號（前122—前117）。

[5]【顏注】師古曰：冠者，加於其上共爲一官也。【今注】案，楊樹達《漢書窺管》："宣帝欲奪霍禹之權，故爲此。"

[6]【今注】地節：漢宣帝年號（前69—前66）。

[7]【今注】綏和：漢成帝年號（前8—前7）。

[8]【今注】建平：漢哀帝年號（前6—前3）。

[9]【今注】位在司徒上：王鳴盛《十七史商榷》卷一〇指出，司馬本次司徒下，哀帝以大司馬位在司徒上，欲極董賢之位，命爲此官。哀帝崩而王莽代賢。

御史大夫，秦官，[1]位上卿，[2]銀印青綬，掌副丞相。[3]有兩丞，袟千石。[4]一曰中丞，[5]在殿中蘭臺，[6]掌圖籍祕書，[7]外督部刺史，[8]内領侍御史員十五人，[9]受公卿奏事，舉劾按章。成帝綏和元年更名大司空，[10]禄比丞相，[11]置長史如中丞，官職如故。哀帝建平二年復爲御史大夫，元壽二年復爲大司空，御史中丞更名御史長史。侍御史有繡衣直指，[12]出討姦猾，治大獄，武帝所制，不常置。[13]

[1]【顏注】應劭曰：侍御史之率，故稱大夫云。臣瓚曰：《茂陵書》御史大夫秩中二千石。【今注】御史大夫：陳直《漢書新證》："御史大夫與丞相連稱者，簡稱爲丞相御史。"案，二者官署又合稱"兩府"。　秦官：王先謙《漢書補注》以爲"《始皇紀》二十六年有御史大夫劫，二世元年有御史大夫臣德。秦權、琅邪臺碑、嶧山、泰山等碑，皆有御史大夫臣德名，結銜在左右丞相下，秩甚尊。漢列御史大夫於三公，即承秦制"。

[2]【今注】上卿：三代天子、諸侯國皆設卿，分上、中、下三等，上卿爲最高。案，上卿在三公下，此即示御史大夫雖居三公，且職權甚重，但名義上不能與丞相同尊。

[3]【今注】掌副丞相：錢大昭《漢書辨疑》指出，御史大夫亦稱宰相。本書卷八一《孔光傳》云："上欲致霸相位，自御史大夫貢禹卒及薛廣德免，輒欲拜霸"；又卷六六《公孫賀等傳》贊

云："若夫丞相、御史兩府之士，不能正議以輔宰相"；卷六七《朱雲傳》云："御史之官，宰相之副，九卿之右"；《後漢書》卷一五《李通傳》載建武中李通爲大司空，云"自爲宰相，謝病不視事"，及本書卷七八《蕭望之傳》云，故事，朝奏事會庭中，御史大夫差居丞相後，皆可爲證。（參見侯旭東《西漢御史大夫寺位置的變遷：兼論御史大夫的職掌》，《中華文史論叢》2015 年第 1 期；吳旺宗《秦漢官制中"御史大夫掌副丞相"問題再剖析》，《理論月刊》2006 年第 9 期）

[4]【今注】案，袟，蔡琪本、大德本、殿本作"秩"。

[5]【今注】一曰中丞：御史大夫有兩丞，另一名不詳。或以爲二者皆名"中丞"，或以爲名"御史丞"（參見安作璋、熊鐵基《秦漢官制史稿》，齊魯書社 2007 年版）。

[6]【今注】蘭臺：漢代宮中藏書的地方。在未央宮承明殿中（參見張全海《西漢未央宮"蘭臺"得名與位置考》，《檔案學通訊》2018 年第 6 期）。

[7]【今注】案，王先謙《漢書補注》曰："《王莽傳》云'甘忠可、夏賀良讖書臧蘭臺'，亦蘭臺臧秘書之證。"

[8]【今注】刺史：漢武帝時分全國爲十三部（州），部置刺史一人。秩六百石。

[9]【今注】侍御史員十五人：衛宏《漢官舊儀》："御史，員四十五人，皆六百石。其十五人衣絳，給事殿中爲侍御史。宿廬在石渠門外。二人尚璽，四人持書給事，二人侍前，中丞一人領。餘三十人留寺，理百官也。"

[10]【今注】案，蔡琪本、大德本、殿本下有"金印紫綬"四字。

[11]【今注】案，蔡琪本、大德本、殿本"禄"前有"金印紫綬"。

[12]【顏注】服虔曰：指事而行，無阿私也。師古曰：衣以繡者，尊寵之也。【今注】繡衣直指：陳直《漢書新證》："侍御史

有繡衣直指，見《江充傳》，或稱爲繡衣御史，見《王訢傳》。”
案，或稱“繡衣使者”“繡衣”等。

[13]【今注】不常置：錢大昭《漢書辨疑》引本書卷六《武紀》：武帝天漢二年（前99）“遣直指使者暴勝之等衣繡衣，杖斧，分部逐捕”。

太傅，[1]古官，高后元年初置，[2]金印紫綬。後省，八年復置。[3]後省，哀帝元壽二年復置。[4]位在三公上。[5]太師、太保，皆古官，[6]平帝元始元年皆初置，[7]金印紫綬。太師位在太傅上，太保次太傅。

[1]【今注】太傅：王先謙《漢書補注》引《大戴禮記》云：“傅者，傅之德義也。”又引《續漢書·百官志》云“掌以善導，無常職”。

[2]【今注】案，錢大昭《漢書辨疑》曰：“王陵。”

[3]【今注】案，錢大昭《漢書辨疑》曰：“審食其。”案《史記》卷九《呂太后本紀》載惠帝七年（前188）二月呂產爲帝太傅，高后崩呂產爲相國。高后葬，審食其爲帝太傅。

[4]【今注】案，錢大昭《漢書辨疑》曰：“孔光、王莽。”

[5]【今注】案，周壽昌《漢書注校補》曰：“表不言置官屬。《孔光傳》‘光爲帝太傅，歸老于第，官屬案職如故’，此置官屬之證。”

[6]【今注】皆古官：沈欽韓《漢書疏證》曰：“晉文公時賈佗爲太師。楚穆王命潘崇爲太師。《呂覽·直諫篇》‘葆申’，高誘注：‘葆，太葆官也。’”

[7]【今注】案，王先謙《漢書補注》曰：“太師孔光，見《光傳》。太傅王舜，見《平紀》。光由太傅遷太師，是位在上也。”

前、後、左、右將軍，皆周末官，秦因之，[1]位上卿，金印紫綬。漢不常置，或有前、後，或有左、右，皆掌兵及四夷。[2]有長史，[3]秩千石。

[1]【今注】案，《漢書考證》齊召南引沈約《宋書·百官志》曰："周制，王立六軍。晉獻公作二軍，公將上軍。將軍之名起此。"又引《左傳》昭公二十八年傳文云，"豈將軍食之，而有不足"，孔穎達《正義》："晉使卿爲軍將，謂之將中軍、將上軍。此以魏子將中軍，故謂之將軍。及六國以來，遂以將軍爲官名，蓋其原始於此。"以爲説甚當。王先謙《漢書補注》補釋曰："《孟子》'魯欲以慎子爲將軍'，《史記·趙世家》'以李牧爲將軍'，皆周末時。始皇遂以王翦爲將軍伐楚。"

[2]【今注】案，王先謙《漢書補注》引《續漢書·百官志》曰"比公者四，第一大將軍，次驃騎將軍，次車騎將軍，次衞將軍，又有前、後、左、右將軍"，後漢"前、後、左、右將軍皆主征伐，事訖皆罷"。

[3]【今注】有長史：將軍屬官除長史，陳直《漢書新證》以爲尚可考見者，"有票姚校尉，見《霍去病傳》。校尉，見《王尊傳》。執馬校尉、驅馬校尉，見《李廣利傳》。車騎都尉，見《宣紀》。彊弩都尉，見《武紀》。強弩司馬，見漢印。騎都尉，見《李陵傳》。軍司馬，見《楊敞傳》。假司馬，見《趙充國傳》。鷹擊司馬，見《霍去病傳》。軍司空令，見《馮奉世傳》。軍司空，見《杜延年傳》（如淳注，律營軍司空，軍中司空各二人）。軍武庫令，見《杜欽傳》。軍正，見《楊僕傳》。軍正丞，見《胡建傳》。軍候丞，見《陳湯傳》。軍監，見《匈奴傳》。軍市令，見《丙吉傳》。以上略舉將軍各屬官吏，並非每一將軍皆有之，因將軍名稱而異，多有旋置旋廢者"。

奉常，[1]秦官，掌宗廟禮儀，[2]有丞。[3]景帝中六年更名太常。[4]屬官有太樂、太祝、太宰、太史、太卜、太醫六令丞，[5]又均官、都水兩長丞，[6]又諸廟寢園食官令長丞，有廱太宰、太祝令丞，[7]五時各一尉。[8]又博士及諸陵縣皆屬焉。景帝中六年更名太祝爲祠祀，[9]武帝太初元年更曰廟祀，[10]初置太卜。博士，秦官，[11]掌通古今，[12]秩比六百石，[13]員多至數十人。武帝建元五年初置五經博士，[14]宣帝黃龍元年稍增員十二人。[15]元帝永光元年分諸陵邑屬三輔。[16]王莽改太常曰秩宗。

[1]【今注】奉常：《漢書考證》齊召南引《唐六典》“漢高名曰太常，惠帝復曰奉常，景帝又曰太常”，以爲《唐六典》所載是，此處班固祇記大略。陳直《漢書新證》據衞宏《漢舊儀》云：“太常有贊饗一人，秩六百石。”以爲不見於本表，當爲太常直轄屬官。又有方士使者，見本書《郊祀志》，亦疑屬於太常。

[2]【今注】掌宗廟禮儀：王先謙《漢書補注》引《續漢書·百官志》本注曰：“一人，掌禮儀祭祀。每祭祀，先奏其禮儀；及行事，常贊天子。”

[3]【今注】有丞：王先謙《漢書補注》引《續漢書·百官志》本注曰：“丞一人，比千石。掌凡行禮及祭祀小事，總署曹事。”

[4]【顏注】應劭曰：常，典也，掌典三禮也。師古曰：大常，王者旌旗也，畫日月焉，王有大事則建以行，禮官主奉持之，故曰奉常也。後改曰大常，尊大之義也。【今注】太常：《漢書考正》劉攽曰：“顏説太常都非。《晉語》作執秩之官，亦是主禮者，秩亦猶常也，然則古通謂常耳。‘王建太常’，自是《周禮》，秦何

庸知之？且禮官主於一旗，亦非義矣。”周壽昌《漢書注校補》引
《漢無極山碑》云“大尚承書從事”，以爲大尚即太常也。

[5]【今注】太樂：王先謙《漢書補注》引《續漢書·百官
志》“大予樂令”本注曰：“掌伎樂。凡國祭祀，掌請奏樂，及大饗
用樂，掌其陳序。丞一人。” 太祝：王先謙《漢書補注》引《續
漢書·百官志》本注曰：“凡國祭祀，掌讀祝，及迎送神。丞一人，
掌祝小神事。”沈欽韓《漢書疏證》據《太平御覽》卷二二九引
《東觀漢記》曰：“陰猛好學溫良，以賢良遷爲太祝令。” 太宰：
王先謙《漢書補注》引《續漢書·百官志》本注曰：“掌宰工鼎俎
饌具之物。凡國祭祀，掌陳饌具。丞一人。”陳直《漢書新證》引
衞宏《漢舊儀》云：“太宰令有屠者七十二人，宰二百人。” 太
史：王先謙《漢書補注》引《續漢書·百官志》本注曰：“掌天時、
星曆。凡歲將終，奏新年曆。凡國祭祀、喪、娶之事，掌奏良日及
時節禁忌。國有瑞應、災異，掌記之。丞一人。”陳直《漢書新
證》：“《漢官儀》云：‘太史令屬吏有望郎三十人，掌故三十人。’
又按：《律曆志》有主曆使者及大典星，疑亦屬於太史令。至於
《漢官》所稱太史令屬吏，有待詔三十七人，靈臺待詔四十一人，
雖爲東漢制度，亦可能淵源於西漢。” 太卜：王先謙《漢書補
注》引《續漢書·百官志》本注曰“有太卜令，六百石。後省并
太史”，本秦官，見《史記》卷八七《李斯列傳》。 太醫：王先
謙《漢書補注》以爲秦官。陳直《漢書新證》以爲周官。

[6]【顏注】服虔曰：均官，主山陵上稾輸入之官也。如淳
曰：《律》，都水治渠隄水門。《三輔黃圖》云三輔皆有都水也。
【今注】均官：陳直《漢書新證》指出，均官爲管理均輸之事，因
太常所屬陵寢諸廟中，隙地甚多，趙過教田三輔時，太常官署爲重
點之一，均輸官簡稱爲均官，與封泥“遼東均長”同例。 都水：
何焯《義門讀書記》卷一六指出，都水屬太常，治都以內之水，故
其官曰長。山陵所在，尤以流水爲急，故太常有專責。王先謙《漢

書補注》曰:"都,總也。謂總治水之工,故曰都水,非都以内之水也。"

[7]【顏注】文穎曰:廱,主熟食官。如淳曰:五時在廱,故特置太宰以下諸官。師古曰:如説是(蔡琪本、大德本、殿本"是"後有"也"字)。雍,右扶風之縣也。大宰即是具食之官(具,殿本作"熟"),不當復置饔人也(饔,殿本作"一")。【今注】廟寢園食官令長丞:《續漢書·百官志》載高廟令等"守廟,掌案行埽除",校長"主兵戎盜賊事",陵食官令"掌望晦時節祭祀"。陳直《漢書新證》引《太平御覽》卷五五九載潘岳《關中記》云:"漢諸陵均高十二丈,方百二十步,唯茂陵高十四丈,方百四十步。守衛令掃除凡五千户,陵令一人,食官令一人,寢廟令一人,園長一人,園門令史三十二人,候四人。"認爲"潘岳所記,雖係專指茂陵寢園而言,其他陵寢,未必皆有此人數,但比較完善,可以代表西漢陵寢制度,其餘各陵,隨陵易名,隨事設官,並無定制"。案,有廱太宰,殿本"有"作"又"。

[8]【今注】案,陳直《漢書新證》:"《十鐘山房印舉》舉二、五十四頁,有'泰時寢上'印(舊釋'時'字,爲左田二字合文,未確)。泰時爲五時之一,《成帝紀》'永始四年春正月,行幸甘泉郊泰時,神光降集紫殿'是也。雍五時尉印,此僅存者。"

[9]【今注】景帝中六年:公元前 144 年。

[10]【今注】太初:漢武帝年號(前 104—前 101)。

[11]【今注】秦官:王先謙《漢書補注》以爲,博士始見戰國,不能稱古官。漢又承秦;故云"秦官"。《史記》卷六《秦始皇本紀》載秦博士七十人,"備員弗用"。伏生亦爲秦博士。

[12]【今注】掌通古今:王先謙《漢書補注》引《續漢書·百官志》:"掌教弟子,國有疑事,掌承問對。"

[13]【今注】案,袟,蔡琪本、大德本作"秩"。

[14]【今注】五經博士:周壽昌《漢書注校補》以爲,本書

卷八八《儒林傳》贊云："武帝立五經博士，《書》歐陽，《禮》后蒼，《易》楊何，《春秋》公羊而已。"《詩》在文景時已立博士。

　　[15]【今注】黃龍：漢宣帝年號（前49）。　稍增員十二人：宣帝甘露三年（前51），立梁丘《周易》、大小夏侯《尚書》、《穀梁春秋》博士。或因此增員。

　　[16]【今注】三輔：長安及周邊的三個郡級區劃，即京兆尹、左馮翊、右扶風。因地屬畿輔，故不稱郡。在十三州之外，由司隸校尉部負責監察。

　　郎中令，秦官，[1]掌宮殿掖門户，[2]有丞。武帝太初元年更名光祿勳。[3]屬官有大夫、郎、謁者，皆秦官。[4]又期門、羽林皆屬焉。[5]大夫掌論議，[6]有太中大夫、中大夫、諫大夫，皆無員，多至數十人。武帝元狩五年初置諫大夫，[7]秩比八百石，[8]太初元年更名中大夫爲光祿大夫，[9]秩比二千石，太中大夫秩比千石如故。[10]郎掌守門户，出充車騎，[11]有議郎、中郎、侍郎、郎中，[12]皆無員，多至千人。議郎、中郎秩比六百石，侍郎比四百石，郎中比三百石。中郎有五官、左、右三將，秩皆比二千石。郎中有車、户、騎三將，[13]秩皆比千石。謁者掌賓讚受事，員七十人，秩比六百石，有僕射，[14]秩比千石。期門掌執兵送從，[15]武帝建元三年初置，比郎，無員，多至千人，有僕射，[16]秩比千石。平帝元始元年更名虎賁郎，[17]置中郎將，秩比二千石。羽林掌送從，[18]次期門，武帝太初元年初置，名曰建章營騎，[19]後更名羽林騎。又取從軍死事之子孫養羽林，官教以五兵，號曰羽林孤兒。[20]羽林有令丞。宣帝令中郎將、騎都尉監羽林，秩比二千石。[21]

　　[1]【顏注】臣瓚曰：主郎內諸官，故曰郎中令。【今注】郎中令：錢大昭《漢書辨疑》引鮑彪云：“郎”與“廊”同。陳直《漢書新證》以爲，“郎中”爲“廊中”之省文，秦時殿上不得持兵戟，皆立在巖廊之下，故名。又“自太常至執金吾秩皆中二千石。而《漢舊儀》獨云郎中令比二千石，與本表異”。

　　[2]【今注】掌宮殿掖門户：王先謙《漢書補注》引《續漢書·百官志》云：“掌宿衞宮殿門户，典謁署郎更直執戟，宿衞門户，考其德行而進退之。郊祀之事，掌三獻。”即“皇帝顧問參議、宿衞侍從以及傳達招待等官員的總首領”（詳見安作璋、熊鐵基《秦漢官制史稿》）。

　　[3]【顏注】應劭曰：光者，明也。禄者，爵也。勳，功也。如淳曰：胡公曰：‘勳之言閽也。閽者，古主門官也。光禄主宮門。’師古曰：應説是也。【今注】光禄勳：何焯《義門讀書記》卷一六以爲當從如説。“勳”讀“閽”，閩越間方言猶有此音。下更中大夫爲光禄大夫，亦因在宮門內。周壽昌《漢書注校補》引《玉海》引如注曰：“郎中令府在宮中。”其職能功用參見朱溢《論西漢郎中令之演變》（《北大史學》2004 年刊）。

　　[4]【今注】皆秦官：王先謙《漢書補注》曰：“大夫，見《秦紀》。郎、謁者，並見《始皇紀》。謁者，亦見《范雎傳》。”

　　[5]【顏注】服虔曰：與期門下以微行，後遂以名官。師古曰：羽林，亦宿衞之官，言其如羽之疾，如林之多也。一説，羽，所以爲王者羽翼也。

　　[6]【今注】大夫掌論議：王先謙《漢書補注》引《續漢書·百官志》曰：“凡大夫、議郎皆掌顧問應對，無常事，惟詔命所使。”安作璋、熊鐵基《秦漢官制史稿》以爲，大夫實際不屬光禄

勳，大約因活動在宮内，以類相從，故班固列於郎中令後。

[7]【今注】諫大夫：王先謙《漢書補注》：“《續志》後漢有諫議大夫，六百石，無員。《齊職儀》謂光武增‘議’字，則諫議大夫即諫大夫也。”

[8]【今注】案，秩比八百石，錢大昭《漢書辨疑》引《漢紀》稱“秩比六百石”。

[9]【今注】光禄大夫：王先謙《漢書補注》曰：“《續志》‘凡諸國嗣之喪，則光禄大夫掌弔’，後漢無員。”

[10]【今注】秩比千石：錢大昭《漢書辨疑》引《漢紀》：“太中大夫秩比二千石。”王先謙《漢書補注》以爲《漢紀》誤。

[11]【今注】郎：錢大昕《三史拾遺》卷二指出，《漢書》紀傳稱郎者，皆指宿衞之郎，非尚書郎。以其分隸五官、左、右中郎將，故又稱三署郎。三署者，五官中郎、左中郎、右中郎一署，而統屬於光禄勳（參見安作璋、熊鐵基《秦漢官制史稿》）。

[12]【今注】案，王先謙《漢書補注》引《續漢書·百官志》曰：“凡郎官皆主更直執戟，宿衞諸殿門，出充車騎。惟議郎不在直中。”

[13]【顔注】如淳曰：主車曰車郎，主户衞曰户郎。《漢儀注》，郎中令主郎中，左右車將主左右車郎，左右户將主左右户郎也。【今注】車户騎三將：王先謙《漢書補注》以爲，車郎，亦名輦郎；騎郎，亦名郎中騎；郎中騎將，亦名騎郎將。

[14]【顔注】應劭曰：謁，請也，白也。僕，主也。【今注】謁者：錢大昭《漢書辨疑》引闞駰《十三州志》云：“謁者，秦官，皆選孝廉年未五十、曉解賓贊者。歲盡拜縣令、長史及都官府丞、長史。”陳直《漢書新證》指出，謁者在西漢名稱屢變，中謁者見本書卷四一《灌嬰傳》。中大謁者，見《史記》卷九《吕太后本紀》。大謁者，見本書卷七四《魏相傳》。　賓贊：舉行典禮時導引儀式的人，即司儀。

［15］【今注】期門：王先謙《漢書補注》以爲，期諸殿門，故有期門之名。又稱"期門武士""期門郎"等（參見安作璋、熊鐵基《秦漢官制史稿》）。

［16］【今注】有僕射：王先謙《漢書補注》曰："期門僕射後爲虎賁僕射。"

［17］【顔注】師古曰："賁"讀與"奔"同，言如猛獸之奔。

［18］【今注】案，王先謙《漢書補注》引《續漢書·百官志》曰："羽林郎，比三百石，無員，掌宿衞侍從。常選漢陽、隴西、安定、北地、上郡、西河凡六郡良家補。本武帝以便馬從獵，還宿殿陛巖下室中，故號巖郎。"又，周壽昌《漢書注校補》以爲，文帝時鄧通爲羽林黃頭郎，故武帝前已有"羽林"。

［19］【今注】建章營騎：沈欽韓《漢書疏證》曰："蓋武帝起建章宮，置此爲宮衞。"建章宮，在今陝西西安市西北漢長安故城西。

［20］【顔注】師古曰：五兵，謂弓矢、殳、矛、戈、戟也。

［21］【今注】案，陳直《漢書新證》引《居延漢簡釋文》有簡文云："比二千石百一十一人。"是比二千石人數之統計。

　　僕射，秦官，[1]自侍中、尚書、博士、郎皆有。古者重武官，有主射以督課之，[2]軍屯吏、騶、宰、永巷宮人皆有，取其領事之號。[3]

［1］【今注】秦官：王先謙《漢書補注》指出《史記》卷六《秦始皇本紀》有博士僕射周青臣，又有衞令僕射，可證爲秦官。

［2］【今注】案，何焯《義門讀書記》卷一六曰："僕射之義如此則已矣。秦官不徵諸《漢書》，乃反附會周制耶？以射爲讀如夜音者，尤謬。"

［3］【顔注】孟康曰：皆有僕射，隨所領之事以爲號也。若

軍屯吏則曰軍屯僕射，永巷則曰永巷僕射。【今注】軍屯吏：沈欽韓《漢書疏證》據《孫子兵法》曹操注"陳車之法，五車爲隊，僕射一人。十車爲率，官長一人"，又《通典》"五火爲隊，五十人有頭"，指出僕射即隊頭，亦號隊率，申屠嘉以材官蹶張遷爲隊率，即是。其百人爲官長，亦號屯長。秦發閭左戍九百人，陳勝、吳廣皆爲屯長。　騶：陳直《漢書新證》指出，杭州鄒氏藏有漢"騶庫"半印，蓋爲庫中騶吏所用。　宰：王先謙《漢書補注》以爲，"宰"疑"卒"之訛字。衛卒僕射，見《史記》卷一二六《滑稽列傳》。

衛尉，秦官，掌宮門衛屯兵，[1]有丞。景帝初更名中大夫令，[2]後元年復爲衛尉。[3]屬官有公車司馬、衛士、旅賁三令丞。[4]衛士三丞。[5]又諸屯衛候、司馬二十二官皆屬焉。[6]長樂、建章、甘泉衛尉皆掌其宮，[7]職略同，不常置。

[1]【顏注】師古曰：《漢舊儀》云，衛尉寺在宮內。胡廣云，主宮闕之門內衛士，於周垣下爲區廬（下，大德本、殿本誤作"不"）。區廬者，若今之仗宿屋矣。【今注】宮門：錢大昕《廿二史考異·漢書一》以爲指未央宮門。武帝時李廣爲未央衛尉，程不識爲長樂衛尉，本表有廣，無不識；宣帝時霍光長女婿鄧廣漢爲長樂衛尉，范明友爲未央衛尉，表有明友，無廣漢；知表所載惟未央衛尉。未央、長樂二尉分主東、西宮。孟康云"李廣爲東宮，程不識爲西宮"，錢大昕以爲長樂宮太后所居，太后朝稱東朝，似長樂在未央之東。未央衛尉，諸傳皆單稱衛尉，獨李廣、范明友稱未央者，以別於長樂。本書卷七三《韋玄成傳》亦稱未央衛尉，則以其時始置建章衛尉，故亦稱未央以別之。王先謙《漢書補注》引《續漢書·百官志》本注："掌宮門衛士，宮中徼循事。"陳直《漢

書新證》：“西安漢城出土有‘衛屯’瓦當，與本表衛尉掌宮門衛屯兵之文正合，當爲衛尉官署所用之瓦。”

　　[2]【今注】中大夫令：王先謙《漢書補注》指出此亦依秦官名。《史記》卷六《秦始皇本紀》有中大夫令齊，又有衛尉竭，是秦時中大夫令、衛尉本二官也。又本書卷九九《王莽傳》載改衛尉曰太衛。

　　[3]【今注】後元年：漢景帝後元元年（前143）。

　　[4]【顏注】師古曰：《漢官儀》云，公車司馬掌殿司馬門，夜徼宮中，天下上事及闕下凡所徵召皆總領之（殿本“及”後有“四方貢獻”四字），令秩六百石。旅，衆也。“賁”與“奔”同，言爲奔走之任也。【今注】公車司馬：王先謙《漢書補注》引《續漢書·百官志》本注：“六百石，掌宮南闕門，凡吏民上章，四方貢獻，及徵詣公車者。丞一人，選曉譚，掌知非法。”陳直《漢書新證》引衛宏《漢舊儀》云：“公車司馬令，周官也，秩六百石。”指出本書卷五〇《張釋之傳》簡稱爲“公車令”。又漢代人民上書，皆由公車司馬代遞，見《漢舊儀》《漢官儀》及本書卷六五《東方朔傳》。又《敦煌漢簡校文》六十五頁有簡文云：“詣公車司馬，元始五年（下缺）。”《居延漢簡釋文》卷一、六十頁有簡文云：“□□平明里大女子充，上書一封，‘居延丞印’，上公車司馬。”尤爲明證。又按公車司馬屬吏可考者，有大誰卒，見本書《五行志》，顏注因而推測有大誰長。　　衛士：王先謙《漢書補注》指出此亦秦官，省文稱之曰“衛令”。又引《續漢書·百官志》本注：“六百石，掌南、北宮衛士。”陳直《漢書新證》指出“《簠齋吉金録》卷五有常樂衛士上次士銅飯幘，爲王莽地皇二年物。可證衛士令官署設在長樂宮內，與長樂衛尉同爲保衛長樂宮垣者，本表所云衛士有三丞，或長樂、建章、甘泉三宮中，各駐一丞”。

　　[5]【今注】衛士三丞：王先謙《漢書補注》指出，公車司馬、旅賁止一丞，不與衛士同，故別言之。

[6]【今注】屯衞候司馬二十二官：安作璋、熊鐵基《秦漢官制史稿》以爲這是一個總括的説法，"實際包括衞司馬、衞候等許多具體屬官在内"。王先謙《漢書補注》指出，屯司馬，若後漢南宫南屯司馬之比。屯衞司馬一官省文，則稱屯司馬，或衞司馬；屯而爲衞，上文"衞尉"云"掌宫門衞屯兵"，即其證。又陳直《漢書新證》指出，衞尉屬吏可考者有衞候，見本書卷七九《馮奉世傳》。《續封泥考略》卷一有"衞候之印"封泥，又按有"都候丞印"封泥。《續漢書·百官志》載衞尉屬官，有"左右都候，本汁曰：丞各一人"。此封泥爲西漢物，可證西漢時都候丞即有此官。本表所云，"又諸屯衞候、司馬二十官皆屬焉"，疑候即指衞候及都候而言。

[7]【顏注】師古曰：各隨所掌之宫以名官。【今注】長樂建章甘泉衞尉：錢大昕《三史拾遺》卷二指出，長樂宫高帝所築，惠帝時吕后居之，自後遂爲太后所居之宫。武帝時始見長樂衞尉竇甫、程不識，此官始置於武帝初。其後官長樂衞尉者，昭帝時有劉辟彊，昌邑王賀時有安樂，宣帝時有許舜、董忠，成帝時有史丹、王宏、王安、韋安世，哀帝時有王惲，是昭、宣以後長樂宫常置衞尉。建章衞尉置於宣帝元康元年（前65），罷於元帝初元三年（前46）。居其職者有丙顯、金安上，皆宣帝朝臣。甘泉衞尉亦罷於元帝初元三年，而史無置衞尉之文。此宫創於武帝，未審何年始立宫衞，史亦未見除甘泉衞尉者。陳直《漢書新證》指出長樂衞尉屬官可考者，有長樂司馬，見本書《律曆志》。長樂屯衞司馬，見本書卷七九《馮奉世傳》。長樂户將，見本書卷八八《儒林傳》。"常樂蒼龍曲候"，見懷寧柯氏所藏封泥，蓋王莽時官。又按：建章衞尉屬官，有建章監，見本書卷四五《李陵傳》及卷五五《衞青傳》。長樂，長樂宫。遺址在今陝西西安市西北郊漢長安故城東南隅。甘泉，甘泉宫，一名雲陽宫。在今陝西淳化縣西北甘泉山上。

太僕，秦官，[1]掌輿馬，[2]有兩丞。屬官有大廐、未央、家馬三令，各五丞一尉；[3]又車府、路軨、騎馬、駿馬四令丞；[4]又龍馬、閑駒、橐泉、騊駼、承華五監長丞；[5]又邊郡六牧師菀令，各三丞；[6]又牧橐、昆蹏令丞[7]皆屬焉。[8]中太僕掌皇太后輿馬，[9]不常置也。武帝太初元年更名家馬爲挏馬，[10]初置路軨。

[1]【顏注】應劭曰：周穆王所置也，蓋大御衆僕之長，中大夫也。【今注】案，《漢書考證》齊召南以爲《周禮》有太僕下大夫二人，不得云始於秦。周穆王命伯囧爲太僕耳，亦不得云穆王始置此官。表及顏注並誤。王先謙《漢書補注》指出本書卷九九《王莽傳》改太僕曰太御。陳直《漢書新證》據《雙劍誃古器物圖錄》卷下四十三頁有“右太僕印”封泥，以爲西漢初期太僕一度曾分左右。

[2]【今注】案，王先謙《漢書補注》引《續漢書·百官志》本注曰：“天子每出，奏駕上鹵簿用，大駕則執馭。”

[3]【顏注】師古曰：家馬者，主供天子私用，非大祀戎事軍國所須，故謂之家馬也。【今注】大廐：王先謙《漢書補注》引《續漢書·百官志》本注曰：“主乘輿及廐中諸馬。舊有六廐，皆六百石令，中興省約，但置一廐。”以爲，“大廐、未央、家馬及下路軨、騎馬、駿馬共爲六廐也”。　　未央：陳直《漢書新證》指出未央令《漢書》稱爲未央廐令，見本書卷六八《霍光傳》、卷九七《外戚傳》。《續漢書·百官志》亦稱未央廐令。本表未央令係簡稱。《十鐘山房印舉》舉二有“未央廐丞”印，《十六金符齋印存》有“未央廐監”印，未央廐令丞下有監，亦爲本表所未詳。又西漢九卿屬官，有令（或稱長）丞尉三級，尉下或有監，監下有嗇夫、掾、佐等職，本書《百官公卿表》僅叙至尉爲止，不叙某監（此處所云龍馬、閑駒等五監長丞，即龍馬監長、龍馬監丞。與未央廐

監、駿馬監等專指官名性質不同），詳見下文及本書卷七〇《傅介子傳》注。又《鐵雲藏陶》附封泥十六頁有“未央衛丞”封泥，衛丞蓋爲五丞之一。　家馬：沈欽韓《漢書疏證》指出“家馬”字見《管子·問篇》。武帝以車騎馬乏，令封君以下至三百石吏，差出牝馬天下亭，亭有畜字馬，歲課息，家馬之名始於此。

[4]【顏注】伏儼曰：丰乘輿路車，又主凡小車。軨，今之小馬車曲輿也。師古曰：軨，音零。【今注】車府：王先謙《漢書補注》引《續漢書·百官志》本注曰：車府令“六百石，丰乘輿諸車。丞一人”。　路軨：王先謙《漢書補注》指出路軨厩在未央宮，騎馬厩在長安城外，見《三輔黃圖》。　騎馬：陳直《漢書新證》指出嚴安任騎馬令，見本傳。又上虞羅氏藏“靈丘騎馬”烙印，疑王國騎馬令之簡稱。　駿馬：陳直《漢書新證》指出駿馬令丞下有駿馬監，見本書《傅介子傳》。

[5]【顏注】如淳曰：橐泉厩在橐泉宮下。駒騠，野馬也。師古曰：閑，闌，養馬之所也，故曰閑駒。駒騠出北海中，其狀如馬，非野馬也。駒，音徒高反。騠，音塗。【今注】龍馬閑駒橐泉駒騠承華五監：沈欽韓《漢書疏證》據本書卷六八《金日磾傳》武帝拜金日磾爲馬監，《三輔黃圖》：“大宛厩在長安城外”，疑此之龍馬監也；又云“駒騠厩在長安城外”。又《漢官儀》：“承華厩、駒騠厩，馬皆萬匹，令秩六百石。”王先謙《漢書補注》據本書《傅介子傳》有平樂厩監，本書卷五四《蘇武傳》有移中監，不入此表，未知何故，且《續漢書·百官志》無。劉昭注引《古今注》云“漢安元年，置承華厩令，秩六百石”，尚存承華之名耳。今案，又《三輔黃圖》卷六：“未央大厩，在長安故城中。《漢官儀》曰：‘未央宮六厩。長樂、承華等厩令，皆秩六百石。’翠華厩、大輅厩、果馬厩、軛梁厩、騎馬厩、大宛厩、胡河厩、駒騠厩，皆在長安城外。霸昌觀馬厩，在長安城外。都厩，天子車馬所在。中厩，皇后車馬所在。”所載官署多不見於表序，可參。

　　[6]【顏注】師古曰：《漢官儀》云，牧師諸苑三十六所，分置北邊、西邊，分養馬三十萬頭。【今注】邊郡六牧師苑令：王先謙《漢書補注》引《續漢書・百官志》本注：「牧師苑皆令官，主養馬，分在河西六郡界中，中興皆省。」又以爲「菀」與「苑」通。陳直《漢書新證》引衛宏《漢舊儀》云：「太僕牧師諸苑，三十六所，分布北邊西邊，以郎爲苑監官。奴婢三萬人，分養馬三十萬頭，擇取教習，給六厩牛羊無數，以給犧牲。」以爲錢大昭考邊郡六牧師苑，有隴西、天水、安定、北地、上郡、西河六郡，其説是。詳見本書《地理志》北地郡靈州縣注。又《漢印文字類纂》卷一二三頁有「北地牧師騎丞」印。蓋北地爲邊郡六牧師苑之一，騎丞爲牧師苑令三丞之一。其他二丞之名，則不可考（本表凡言有二丞、三丞、五丞者，僅記丞之數名，不記丞之名稱，現從考古材料中，往往能看出某某丞名）。又有護苑使者，爲監護六郡牧師苑臨時特置之官，見本書卷八五《谷永傳》及《趙寬碑》。谷永由安定太守補營軍司馬，遷護苑使者，後又官北地太守。《趙寬碑》叙「充國弟字子聲爲侍中，子君游爲雲中太守，子字游都朔農都尉，弟次卿高平令，次子游護苑使者，次游卿幽州刺史」。兩家皆久官北方者，因知所護之苑，爲邊郡六牧師苑，而非上林苑。

　　[7]【顏注】應劭曰：橐，橐佗（佗，殿本作「駞」，下同）。昆蹄，好馬名也。蹄，音啼。如淳曰：《爾雅》曰「昆蹄研（研，殿本作‘跰’，下同不注），善升甗」者也，因以爲厩名。師古曰：牧橐，言牧養橐佗也。昆，獸名也。蹄研者，謂其蹄下平也。善升甗者，謂山形如甑，而能升之也。「蹄」即古「蹄」字耳。研，音五見反。甗，音言，又牛偃反（大德本、殿本「又」後有「音」字）。【今注】昆蹄：邵晉涵《爾雅正義》卷二〇以爲應説是。沈欽韓《漢書疏證》引《爾雅・釋獸》郭璞注：「昆蹄，蹄如跰，而健上山。秦時有騉蹄苑。」引陸德明《經典釋文》載舍人云：「騉蹄者，涸蹄也。」

[8]【今注】案，陳直《漢書新證》據《再續封泥考略》卷一有"乘輿馬府"封泥，懷寧柯氏藏有"中宮厩令"封泥，以爲是西漢初中期官制，疑亦屬於太僕。又本書《食貨志》："水衡、少府、太僕、大農，各置農官"，當爲武帝末期事。

[9]【今注】案，中太僕，《續漢書·百官志》作"中宮僕"。

[10]【顏注】應劭曰：主乳馬，取其汁挏治之，味酢可飲，因以名官也。如淳曰：主乳馬，以韋革爲夾兜，受數斗，盛馬乳，挏取其上肥，因名曰挏馬。《禮樂志》丞相孔光奏省樂官七十二人給大官挏馬酒。今梁州亦名馬酪爲馬酒。晉灼曰：挏，音挺挏之挏。師古曰：晉音是也。挏，音徒孔反。【今注】挏馬：錢大昭《漢書辨疑》引《說文》："挏，攤引也。漢有挏馬官，作馬酒。"陳直《漢書新證》指出《齊魯封泥集存》《再續封泥考略》均有"挏馬農丞"封泥。挏馬令有五丞，農丞當爲五丞之一，挏馬本爲治馬乳之官，所以有農丞者，因趙過教田太常及三輔，太常有諸陵寢隙地，可以耕種，挏馬官署內外，亦必有空地，試學趙過代田法，故設有農丞管理其事。

廷尉，秦官，[1]掌刑辟，[2]有正、左右監，[3]秩皆千石。景帝中六年更名大理，武帝建元四年復爲廷尉。宣帝地節三年初置左右平，[4]秩皆六百石。哀帝元壽二年復爲大理。王莽改曰作士。

[1]【顏注】應劭曰：聽獄必質諸朝廷，與衆共之，兵獄同制，故稱廷尉。師古曰：廷，平也。治獄貴平，故以爲號。【今注】廷尉：周壽昌《漢書注校補》云："《韓詩外傳》晉文公使李離爲理，《呂氏春秋》齊宏章爲大理，《說苑》楚廷理，《新序》石奢爲大理，是各國皆名理，或名大理，獨秦稱廷尉也。"

[2]【今注】掌刑辟：王先謙《漢書補注》引《續漢書·百官

志》本注曰：“掌平獄，奏當所應。凡郡國讞疑罪，皆處當以報。”

　　[3]【今注】正左右監：廷尉正。安作璋、熊鐵基《秦漢官制史稿》以爲，“實相當於其它諸卿之丞”，“可以代表廷尉參加雜治詔獄，又可以單獨決疑獄”。左右監則“秩禄雖與正同，但其地位略低於正”。

　　[4]【今注】左右平：錢大昭《漢書辨疑》指出，此處不言員數。本書卷八《宣紀》及《刑法志》云四人。陳直《漢書新證》據《太平御覽》卷二三二引《三輔決録》注：“茂陵何比干，武帝時公孫丞相，舉爲廷尉右平，獄無冤民，號曰何公。”以爲據此可知武帝時已有廷尉左右平。《後漢書》卷四三《何敞傳》亦同，但僅云比干武帝時爲廷尉平，不云右平。又廷尉屬吏今可考者，有文學卒史，見本書卷五八《兒寬傳》。蘇林注：“秩六百石。”臣瓚注：“秩百石。”有奏曹掾，見本書卷五一《路温舒傳》。有奏讞掾，見本書《兒寬傳》。有書佐，見本書卷八三《薛宣傳》。又有行冤獄使者，見本書卷七六《張敞傳》。治獄使者，見本書卷九七《外戚傳》，疑屬於廷尉，爲暫設之官。

　　典客，秦官，[1]掌諸侯、歸義蠻夷，[2]有丞。景帝中六年更名大行令，[3]武帝太初元年更名大鴻臚。[4]屬官有行人、譯官、別火三令丞[5]及郡邸長丞。[6]武帝太初元年更名行人爲大行令，[7]初置別火。王莽改大鴻臚曰典樂。初置郡國邸屬少府，中屬中尉，後屬大鴻臚。

　　[1]【今注】秦官：沈欽韓《漢書疏證》引《管子·小匡》“請立隰朋爲大行”，以爲秦前既有此官。

　　[2]【今注】案，殿本無“侯”字。

　　[3]【今注】大行令：周壽昌《漢書注校補》指出，《史記》卷一一《景帝本紀》無“令”字。更名參見孫梓辛《漢代典客、

大行更名考》（《史學月刊》2019 年第 12 期）。

[4]【顔注】應劭曰：郊廟行禮讚九賓，鴻聲臚傳之也。【今注】大鴻臚：王先謙《漢書補注》引韋昭《辨釋名》云：“鴻，大也。臚，陳序也。言大禮陳序於賓客也。”

[5]【顔注】如淳曰：《漢儀注》，別火，獄令官，主治改火之事。【今注】行人：職掌與大鴻臚近同，尊貴者遣大鴻臚，輕賤者遣行人。 譯官：掌翻譯。 別火：安作璋、熊鐵基《秦漢官制史稿》以爲掌蠻夷飲食。沈欽韓《漢書疏證》引《論語集解》馬融注曰：“《周書·月令》有更火文。”又《淮南子·時則訓》“春服八風水，爨其燧火。夏服八風水，爨柘燧火。秋同夏。冬，爨松燧火”，疑即漢改火之制。陳直《漢書新證》引衞宏《漢舊儀》云：“別火獄令，主治改火之事。”又《居延漢簡釋文》五頁有簡文云：“御史大夫吉昧死言，丞相相上太常書言，太史丞定言，元康五年五月二日壬子夏至，宜寢兵，大官抒井更水火進，鳴雞謁以聞，布當用者。臣謹案比原泉御者，水衡抒大官御井，中二千石、二千石，令官各抒。別火官先夏至一日，以除隧取火，授中二千石、二千石官在長安、雲陽，其民皆受，以日至易故火，庚戌寢兵不聽事，盡甲寅五日，臣請布，臣昧死以聞。”以爲別火專司改火之事，與本表同。

[6]【顔注】師古曰：主諸郡之邸在京師者也。【今注】郡邸長丞：錢大昭《漢書辨疑》指出，郡國朝宿之舍在京師者名邸。陳直《漢書新證》引衞宏《漢舊儀》云：“郡邸獄治天下郡國上計者。”指出此點爲本表所未詳。各郡國在京師有邸，亦見季布、朱買臣等傳。又《封泥考略》卷一有“郡邸長印”，知郡國邸設有長丞。又西漢時期諸侯王在京師均有邸第，今存“淮南邸印”封泥可證。又大鴻臚屬官尚有使主客、大鴻臚文學、大行治禮丞、大行卒史，詳見安作璋、熊鐵基《秦漢官制史稿》。

[7]【今注】更名行人爲大行令：王先謙《漢書補注》指出

《史記·孝景本紀》載“中六年，更命大行爲行人”，此爲再更名。

宗正，秦官，[1]掌親屬，[2]有丞。[3]平帝元始四年更名宗伯。[4]屬官有都司空令丞、[5]内官長丞。[6]又諸公主家令、門尉皆屬焉。[7]王莽并其官於秩宗。初，内官屬少府，中屬主爵，後屬宗正。

[1]【顔注】應劭曰：周成王之時彤伯入爲宗正也。師古曰：彤伯爲宗伯，不謂之宗正。【今注】秦官：何焯《義門讀書記》卷一六曰：“宗正亦謂之宗伯，王莽緣此以改官名；應説非無本，但是後儒曲説，與《周官》不合；故班氏斷爲秦官。”

[2]【今注】掌親屬：王先謙《漢書補注》引《續漢書·百官志》本注：“掌序録王國嫡庶之次及諸宗室親屬遠近，郡國歲因計上宗室名籍。若有犯法當髡以上，先上諸宗正，宗正以聞，乃報決。”

[3]【今注】丞：王先謙《漢書補注》引《續漢書·百官志》：“丞一人，比千石。”

[4]【今注】宗伯：屬有宗師。周壽昌《漢書注校補》曰：“五年，置宗師，得郵書宗伯言事，殆宗伯之副而非屬也。”

[5]【顔注】如淳曰：《律》，司空主水及罪人。賈誼曰“輸之司空，編之徒官”。【今注】案，陳直《漢書新證》以爲，“都司空之名，始見於《墨子·雜守篇》，余昔考爲秦代作品。西漢都司空令，主要在督造磚瓦，署中徒隸衆多，故便於燒製”。

[6]【顔注】師古曰：《律歷志》主分寸尺丈也。

[7]【今注】案，王先謙《漢書補注》引《續漢書·百官志》本注：每主家令一人“六百石。其餘屬吏增減無常”。

治粟内史，秦官，[1]掌穀貨，[2]有兩丞。[3]景帝後
元年更名大農令，武帝太初元年更名大司農。屬官有
太倉、均輸、平準、都内、籍田五令丞，[4]斡官、鐵市
兩長丞。[5]又郡國諸倉農監、都水六十五官長丞皆屬
焉。[6]駉粟都尉，[7]武帝軍官，不常置。王莽改大司農
曰羲和，後更爲納言。初斡官屬少府，中屬主爵，後
屬人司農。

　　[1]【今注】秦官：王先謙《漢書補注》曰：“《韓信傳》漢王
以信爲治粟都尉，蓋内史屬官，猶沿秦制，故以治粟爲稱。”
　　[2]【今注】掌穀貨：王先謙《漢書補注》引《續漢書·百官
志》曰：“掌諸錢穀金帛諸貨幣。郡國四時上月旦見錢穀簿，其通
未畢，各具別之。邊郡諸官請調度者，皆爲報給，損多益寡，取相
給足。”
　　[3]【今注】兩丞：陳直《漢書新證》指出大司農兩丞，一曰
中丞，耿壽昌曾任之，見本書《食貨志》。屬吏今可考者，有斗食，
見本書卷八三《朱博傳》。又《十鐘山房印舉》有“帑府”半通式
印，文字極古，可能爲大司農或少府屬吏公用之印。
　　[4]【顏注】孟康曰：均輸，謂諸當所有輸於官者，皆令輸
其地土所饒，平其所在時賈，官更於佗處賣之，輸者既便，而官
有利也。【今注】太倉：王先謙《漢書補注》引《續漢書·百官
志》：“主受郡國傳漕穀。”　均輸：陳直《漢書新證》引本書《食
貨志》云：“郡國設均輸官。”共設有幾處，今不可考，見於本書
者，《地理志》有千乘均輸官，卷八九《黃霸傳》有河東均輸官。
又《封泥考略》卷四有“遼東均長”封泥，均長即均輸長之簡稱。
可證均輸官僅各郡有之，與鹽鐵官普設於郡縣者不同。又《漢印文
字徵》有“千乘均監”印，則均輸官設有長監。大司農之均輸令，

是總管均輸事宜者。　都內：主京師藏錢。王先謙《漢書補注》引桓譚《新論》證云：“漢之百姓賦斂，一歲爲四十餘萬萬。吏奉用其半，餘二十萬萬藏於都內，爲禁財。少府所領園地作務之八十三萬萬，以供常賜。”陳直《漢書新證》引《史記》卷一一《景帝紀》云：“以大內爲二千石，置左右內官，屬大內。”大內之名，亦見本書卷六四上《嚴助傳》，疑大內罷廢後，即改設都內令，降秩爲八百石。又《居延漢簡甲編》有“出都內第一十稷布廿八”殘簡文，蓋都內主管貢獻方物及貨幣，故庫內有十稷布之存儲，其剩餘者可以遠給邊郡，當由大司農互爲調配。又都內屬吏有主藏官，見本書卷五九《張安世傳》。　籍田：漢文帝二年（前178）置。管理籍田之事。籍田即每年春耕前皇帝率群臣在專辟的土地“籍田”上行耕作之禮，以示重視農耕。陳直《漢書新證》引衛宏《漢舊儀》云：“帝王親耕後，大賜三輔二百里孝悌力田三老布帛百穀萬斛，爲立籍田倉，置令丞。”據此以爲籍田初爲倉名，因倉設官。

[5]【顏注】如淳曰：幹，音筦；或作“榦”。幹，主也，主均輸之事，所謂幹鹽鐵而榷酒酤也（榷，大德本、殿本作“権”）。晉灼曰：此竹箭幹之官長也。均輸自有令。師古曰：如説近是也。縱作幹讀，當以幹持財貨之事耳，非謂箭幹也。【今注】幹官：主均輸，管鹽鐵，榷酒酤。陳直《漢書新證》據《漢印文字徵》有“榦官泉丞”印，以爲“幹”字應作“榦”，此表久傳誤寫。以泉丞二字來推斷，知所掌爲鑄錢事。又榦官必有兩丞，如係一丞，則當稱爲榦官丞印，不當稱爲榦官泉丞，一丞管鑄錢，其一丞可能管鹽鐵，兼及竹箭事宜。及至武帝設水衡都尉專令上林三官鑄錢時，榦官泉丞則不需要，乃由少府經過主爵都尉改隸大司農，協助管理鹽鐵等事。右扶風亦有鐵官長丞，故榦官中間一度屬於主爵都尉，由兩丞改爲一丞，故本表叙次與鐵市長丞相聯接。　鐵市：主管鐵器買賣。

[6]【今注】郡國諸倉農監都水：陳直《漢書新證》：都倉今可考者，有陽周倉見《漢金文録》卷一“陽周倉鼎”；定陶都倉，見薛

氏《鐘鼎款識》卷一八"定陶鼎"；海曲倉，見《十鐘山房印舉》"海曲倉"印，屬東海郡；略倉，見《十鐘山房印舉》"略倉"印。略，爲略畤縣或略陽縣省文；廥倉，見《十鐘山房印舉》"廥印"，《廣雅·釋宮》："廥，倉也"；又《封泥考略》卷四有"田廥"封泥；華倉，見"華倉"瓦，華縣出土；甘泉倉長，見本書卷七六《張敞傳》。又農監今可考者，有"上久農丞""隴前農丞"，見《善齋吉金錄》卷中；"代郡農長""梁菑農長"，見《十鐘山房印舉》；司牧官、官田丞見同卷；都田，見《再續封泥考略》卷一；駬馬田官，見《居延漢簡釋文》卷一；北假田官，見本書《食貨志》；稻田使者，見本書《景武昭宣元功臣表》；稻田使者、燕倉、稻農左長，見《漢印文字徵》第七。又都水今可考者，有藍田胡監，見《漢印文字徵》；蜀都水，西安漢城出土"蜀都水印"封泥；安定右水長，見《十六金符齋印存》；張掖水長，西安漢城出土"張掖水長章"印；張掖屬國左盧水長，見《金石索·金索》。

[7]【顏注】服虔曰：駗，音搜狩之搜（搜，殿本皆作"蒐"，本注下同）。搜，索也。【今注】駗粟都尉：掌徵收軍糧、在軍屯中推行代田法。又作"搜粟都尉"。陳直《漢書新證》據本書《食貨志》云："趙過奏平都令光以爲丞"，知此駗粟都尉當有一丞。

少府，[1]秦官，掌山海池澤之稅，以給共養，[2]有六丞。[3]屬官有尚書、符節、大醫、大官、湯官、導官、樂府、若盧、考工室、左弋、居室、甘泉居室、左右司空、東織、西織、東園匠十二官令丞，[4]又胞人、都水、均官三長丞，[5]又上林中十池監，[6]又中書謁者、黃門、鉤盾、尚方、御府、永巷、內者、宦者七官令丞。[7]諸僕射、署長、中黃門皆屬焉。[8]武帝太初元年更名考工室爲考工，左弋爲佽飛，[9]居室爲保宮，甘泉居室爲昆臺，永巷爲掖廷。^[10]伙飛掌弋射，有九丞兩尉，大官七丞，昆臺五丞，樂府三丞，掖廷八丞，宦者七丞，鉤盾五丞兩尉。成帝建始四年更名中書謁者令爲中謁者令，^[11]初置尚書，^[12]員五人，有四丞。河平元年省東織，^[13]更名西織爲織室。綏和二年，哀帝省樂府。王莽改少府曰共工。^[14]

[1]【今注】少府：《續漢書·百官志》劉昭注引《漢官儀》："少者小也，小故稱少府。王者以租稅爲公用，山澤陂池之稅以供王之私用。古皆作小府。"陳直《漢書新證》指出少府在居延木簡中，皆寫作"小府"，古義兼通，但在本書中皆作"少府"。

[2]【顏注】應劭曰：名曰禁錢，以給私養，自別爲藏。少者，小也，故稱少府。師古曰：大司農供軍國之用，少府以養天子也。共，音居用反。養，音弋亮反。【今注】案，王先謙《漢書補注》引《續漢書·百官志》補證："凡山澤陂池之稅名曰禁錢，屬少府，世祖改屬司農。少府掌中服御諸物，衣服、寶貨、珍膳之屬。"

[3]【今注】六丞：陳直《漢書新證》指出少府六丞之名，今可考者，有銅丞、獄丞。《封泥考略》卷一有"少府銅丞"封泥，本表下文有"初鑄錢屬少府"。陳直以爲，大司農之斡官令丞，初屬少府，專管鑄錢事宜。少府銅丞則總司其職，是武帝元狩四年（前119）以前制度。而水衡都尉之鐘官、技巧、辯銅，稱爲上林三官，則爲武帝中期制度。又《居延漢簡釋文》元帝永光四年（前40）太醫令下少府中常方，簡文有"少府餘，獄丞延"的紀載。此少府六丞之僅可知者。

[4]【顏注】服虔曰：若盧，詔獄也。鄧展曰：舊洛陽兩獄，一名若盧，主受親戚婦女。如淳曰：若盧，官名也，藏兵器。品令曰若盧郎中二十人，主弩射。《漢儀注》有若盧獄令，主治庫兵

將相大臣。臣瓚曰：冬官爲考工，主作器械也。師古曰：太官主
膳食，湯官主餅餌，導官主擇米。若盧，如説是也。左弋，地名。
東園匠，主作陵内器物者也。【今注】符節：王先謙《漢書補注》
引《續漢書·百官志》本注曰：符節令"爲符節臺率，主符節事。
凡遣使掌授節"，以爲"符節令即秦之符璽令"。　大醫：太醫。王
先謙《漢書補注》引《續漢書·百官志》木注曰：太醫令"掌諸
醫"。陳直《漢書新證》指出太常亦有太醫令，太常之太醫，是主
治百官之病，少府之太醫，是主治宮廷之病，但有經驗良方，亦可
以傳布於各郡國。　大官：太官。王先謙《漢書補注》引《續漢
書·百官志》本注曰：太官令"掌御飲食"。陳直《漢書新證》引
衞宏《漢舊義》云："太官尚食，用黄金釦器，中官私官尚食，用
白銀釦器，如祠廟器"，"太官主飲酒，皆令丞治，湯官奴婢各三千
人，置酒，皆緹褠、蔽膝、綠幘"，"上林苑中，伙飛具繒繳以射鳧
雁，應給祭祀置酒，每射收得萬頭以上給太官"。又《封泥考略》
卷一有"大官長丞"封泥。不稱爲大官令丞，而稱爲大官長丞，與
本表不同。又同卷有"大官丞印"封泥，本表大官令有七丞，以封
泥印文來推測，大官不稱爲某丞，而稱爲大官丞，似大官僅有一
丞，或漢初制度。又《漢印文字徵》第八有"大官監丞"封泥，
可證令丞之下有監，監之下有丞，爲監之丞，非令之丞。爲本表所
未載。又本書卷一二《平紀》："元始元年置少府海丞、果丞各一
人。"當屬於大官令暫置之官，亦爲本表所未載。又大官，一作
"泰官"，《小校經閣金文》卷一一有泰官鼎可證。又大官有七丞，
一爲大官獻丞，見本書卷五九《張安世傳》，繁稱爲大官獻食丞。
二爲大官中丞，見好時鼎。薛氏《鐘鼎款識》卷一八載好時鼎云：
"好時供厨銅鼎容九升，重九斤，一兩山"，"文在腹"。"長樂飼官
二斤十一斤四百三十五，太官中丞今第八百六十，今好時供厨金一
斗，鼎蓋重二斤十兩，第百卅"，"文在蓋器"。長樂飼官即長樂食
官之異文。其餘五丞不可考。上述平帝時增設海、果二丞，時期較

晚。又柏梁臺聯句，大官令詩云：“枇杷橘栗桃李梅。”《太平御覽》果部，“枇杷”引作“櫨梨”，可證大官令兼掌四時進獻果實，不是如衞宏《漢舊儀》所説專主造酒。但柏梁臺聯句詩，始見於《古文苑》，原詩古質，並非僞作。聯句之人名，則爲後代人所追加。又大官令官署範圍擴大，有一部分設在長樂宮內。《漢代紀銘漆器圖説》載有樂浪古墳出土始建國元年（9）夾紵漆盤銘文云：“常樂大官，始建國元年正月，受第千四百五十四至三千。”本書卷九九《王莽傳》載改長樂宮爲常樂室，以漆盤之總編號計，僅長樂一宮，即有一千五百四十六具之多，與衞宏《漢舊儀》所云，大官、湯官奴婢各三千人之記載恰合。又《貞松堂集古遺文》卷一三有大官鼎，是鎬上林華陽爲大官所造，可見大官所用飲食器具，由上林苑供給一部分，因上林苑有供工。　湯官：陳直《漢書新證》引衞宏《漢舊儀》云：“湯官供餅餌果實。”指出屬官今可考者，有湯官飲監。　導官：王先謙《漢書補注》引《續漢書·百官志》本注曰：“主舂御米及作乾糒”，以爲“導”字當作“䆃”。陳直《漢書新證》指出《封泥考略》卷一有封泥。長安胡氏亦藏有“䆃官䆃丞”印，可證“導”字原來作“䆃”。又《北堂書鈔》卷五五引《環濟帝王要略》云：“䆃官令掌諸御米飛麪也。”“導官”作“䆃官”，與封泥、漢印正合。又晉太康三年（282）趙國高邑導官令中大夫馮恭墓門刻石，寫作“導官”，與本書相同，知爲假借字，並非誤字。　樂府：掌管宮廷、祭祀等用樂。陳直《漢書新證》指出，本書卷五九《張安世傳》有樂府音監及樂府游徼，皆當爲樂府令之屬官，不見於本表。　若盧：陳直《漢書新證》指出，其職掌爲主治庫兵及詔獄，疑所鑄之兵器快利，若楚國之湛盧劍，因以名官。　考工室：王先謙《漢書補注》引《續漢書·百官志》本注曰：考工令“主作兵器、弓弩、刀鎧之屬，成則傳執金吾入武庫，及主織綬諸雜工”。　左弋：王先謙《漢書補注》指出左弋即佐弋，《史記》卷六《秦始皇本紀》有佐弋竭。“左”“佐”字同。謂佐助弋射之事，因以名官。陳直《漢書新證》據《居延漢簡釋文》

有"左弋弩力六百廿"的記載，可證左弋除掌射弋外，兼造一部分兵器，並且遠輸至邊郡。又懷寧柯氏藏有"宜秋佐弋"封泥。宜秋疑爲苑名，與"宜春禁圃"印文體例正同。可證佐弋官署，設在宜秋苑內。　居室：掌拘禁犯人。陳直《漢書新證》指出居室令官署，現在出土遺物最多。　左右司空：陳直《漢書新證》以爲與宗正屬官之都司空令，皆主要在造陶瓦，左司空兼造石刻工藝。　東織西織：同掌文繡郊廟衣服織作。陳直《漢書新證》指出織室爲專作祭服，鹽官令丞，爲西漢初中期之官，本表不載，然必屬於少府。屬吏有令史，見《三輔黃圖》。　十二官令丞：錢大昭《漢書辨疑》以爲"十二"疑是"十六"。

　[5]【顏注】師古曰：胞人，主掌宰割者也。"胞"與"庖"同。【今注】胞人：錢大昭《漢書辨疑》以爲"庖"通作"胞"。

　都水：王先謙《漢書補注》指出都水即池籞，別屬少府。本書卷七七《孫寶傳》"民假少府陂澤"，故亦有都水官。《續漢書·百官志》以都水屬郡國。　均官：沈欽韓《漢書疏證》指出王莽於長安及五都立五均官，五穀、布帛、絲綿之物，均官用本價收取。此少府均官是主市賈者。陳直《漢書新證》以爲，以五均官比於均官恐誤，均官當爲均輸官省文，此均官所掌爲少府均輸事，與太常之均官，大司農、水衡都尉之均輸令，職守相同，名稱特有繁簡之別。

　[6]【顏注】師古曰：《三輔黃圖》云上林中池上籞五所，而比云十池監（比，蔡琪本、大德本、殿本作"此"），未詳其數。【今注】十池監：王先謙《漢書補注》引本書卷六八《霍光傳》"女醫淳于衍夫賞求永安池監"，以爲"永安池監"蓋十池監之一。

　[7]【顏注】師古曰：鉤盾主近苑囿，尚方主作禁器物，御府主天子衣服也。【今注】中書謁者：王先謙《漢書補注》引《續漢書·百官志》本注曰：尚書令"承秦所置。武帝用宦者，更爲中書謁者令。掌凡選署及奏下尚書文書衆事"。又引本書卷一〇《成紀》臣瓚注："漢初中人有中謁者令。孝武加中謁者令爲中書謁者

令。"以爲昭帝時有尚書，明與中書兩官。《續漢書·百官志》言更尚書爲中書，誤。中書兼尚書之任，亦謂之中尚書，見本書卷七七《蓋寬饒傳》。《唐六典》"自武帝游宴後庭，故用宦者"。司馬遷被刑爲中書令，即其任。不言"謁者"，爲省文。陳直《漢書新證》："《宣帝紀》有內謁者郭穰，疑與中書謁者相類。"　黃門：王先謙《漢書補注》引《續漢書·百官志》本注曰：黃門令"宦者。主省中諸宦者"。陳直《漢書新證》指出，黃門屬吏今可考者，有黃門馬監，見本書卷六八《金日磾傳》。黃門倡監，見本書卷六五《東方朔傳》。黃門書者及黃門書者假史，均見本書《藝文志》賦家。黃門畫工，亦有署長，見《續漢書·百官志》。制度當因於西漢。　鈎盾：王先謙《漢書補注》引《續漢書·百官志》本注曰：鈎盾令"宦者。典諸近池苑囿游觀之處"。陳直《漢書新證》指出鈎盾屬吏今可考者，有冗從，見本書《藝文志》賦家。　尚方：王先謙《漢書補注》引《續漢書·百官志》本注曰：尚方令"掌上手工作御刀劍諸好器物"。陳直《漢書新證》引《通典》卷三七《職官九》云："秦置尚方令，漢因之，漢末分中、左、右三尚方。"以爲以出土古物考之，"知杜氏之説不確。尚方令分爲中、左、右三尚方，當開始於武帝時"，"總括中尚方所造，則爲鼎、壺、鍾、鐙、鐎斗用器之屬。而弩機則三尚方皆可兼造"，"《朱雲傳》所云請尚方劍斬張禹頭，劍是兵器，不是用器，與弩機類型相似，亦當爲三尚方所通造。關於尚方令，分爲左中右三處，爲本表所未詳"。

御府：王先謙《漢書補注》引《續漢書·百官志》本注曰：御府令"宦者。典官婢作中衣服及補浣之屬"。陳直《漢書新證》指出本書卷八五《谷永傳》作"中御府"，與本表不同。又《史記》卷一〇五《扁鵲倉公列傳》云："齊中御府長信病"，與本書《谷永傳》相同，是西漢初期及末期，皆有此制度。　永巷：王先謙《漢書補注》引《續漢書·百官志》本注曰：永巷令"宦者。典宮婢侍使"。陳直《漢書新證》指出屬官有牛官令，見本書卷九七《外戚傳》。　內者：王先謙《漢書補注》引《續漢書·百官志》本注曰：内者令"掌宫中布張諸褻物"。陳直《漢書新證》以爲，"各宫皆有内者，統屬於少府内者令丞。又藍田近出有'將行内者'陶器，知内者令在西漢初期，曾一度屬於大長秋"。　宦者：陳直《漢書新證》指出，各宫皆有宦者，因宫殿名稱而異，統屬於少府宦者令丞。　七官令丞：王先謙《漢書補注》以爲殿本"七"作"八"，是。

[8]【顏注】師古曰：中黄門，謂奄人居禁中在黄門之内給事者也。【今注】僕射：王先謙《漢書補注》以爲《續漢書·百官志》載謁者僕射一人"爲謁者臺率，主謁者"；又中黄門冗從僕射一人，"宦者。主中黄門冗從"。　署長：王先謙《漢書補注》："《袁盎傳》有郎署長；《馮唐傳》'爲郎中署長'；《儒林傳》孟喜爲曲臺署長；《續志》有黄門署長、畫室署長、玉堂署長、丙署長；此諸署長也。"　中黄門：《續漢書·百官志》："宦者，無員。後增比三百石。掌給事禁中。"

[9]【今注】考工：陳直《漢書新證》疑考工室在漢初亦分左右，"其屬吏之可考者，有護、佐、嗇夫、掾、右丞（見建昭鴈足鐙）、護工卒史（見竟寧鴈足鐙）、殷長（見元康鐙）、倉丞（見使者鐙）"，皆是爲内者令所造，因考工與内者，同屬於少府。　佽飛：王先謙《漢書補注》曰：佽飛，見本書卷八《宣紀》，臣瓚注："在上林中結矰繳弋鳧雁，歲萬頭，以供宗廟。"陳直《漢書新證》指出西安漢城遺址出土有"佽飛官當"及"次蜚官當"瓦文兩種。"次蜚"即"佽飛"之假借字，與本表正合。

[10]【今注】掖廷：王先謙《漢書補注》引《續漢書·百官志》本注曰："掖庭，宦者。掌後宫貴人采女事。"

[11]【今注】更名中書謁者令爲中謁者令：王先謙《漢書補注》以爲即本書卷一〇《成紀》所謂"罷中書宦官"，《續漢書·百官志》所謂"成帝用士人，復故"。

[12]【今注】尚書：王先謙《漢書補注》引本書卷一〇《成

紀》顏師古注：“《漢舊儀》云，尚書四人爲四曹。常侍曹尚書主丞相御史事，二千石曹尚書主刺史二千石事，户曹尚書主庶人上書事，主客曹尚書主外國事。成帝置五人，有三公曹，主斷獄事。”

[13]【今注】河平：漢成帝年號（前28—前25）。

[14]【今注】共工：陳直《漢書新證》指出《隸釋》卷二載新莽地皇上戊二年銅鉦，有掌共工大夫之記載，與本表正合，共工即供工之省文。

中尉，秦官，[1]掌徼循京師，[2]有兩丞、候、司馬、千人。[3]武帝太初元年更名執金吾。[4]屬官有中壘、寺互、武庫、都舩四令丞。[5]都船、武庫有三丞，中壘兩尉。又式道左右中候、候丞及左右京輔都尉、尉丞兵卒皆屬焉。[6]初，寺互屬少府，中屬主爵，後屬中尉。自太常至執金吾，秩皆中二千石，丞皆千石。

[1]【今注】秦官：王先謙《漢書補注》指出《華陽國志》有秦中尉田真黄。又據趙烈侯官荀欣爲中尉，以爲該官不獨秦有。其兩漢衍變參見譚世保《“執金吾”與“中尉”沿革考》（《學術研究》1984年第2期）。

[2]【顏注】如淳曰：所謂遊徼，徼循禁備盜賊也。師古曰：徼，謂遮繞也。徼，音工釣反。【今注】案，王先謙《漢書補注》引《續漢書·百官志》：“掌宮外戒司非常水火之事，月三繞行宮外，及主兵器。”

[3]【顏注】師古曰：候及司馬及千人皆官名也。屬國都尉云有丞、候、千人。西域都護云司馬、候、千人各二人。凡此千人，皆官名也。【今注】司馬：陳直《漢書新證》據《續封泥考略》卷一有“中騎司馬”封泥。疑爲中尉騎司馬之省文，本表不

載，此爲西漢初中期官制。

　　[4]【顏注】應劭曰：吾者，禦也，掌執金革以禦非常。師古曰：金吾，鳥名也，主辟不祥。天子出行，職主先導，以禦非常，故執此鳥之象，因以名官。【今注】執金吾：王先謙《漢書補注》引俞樾引崔豹《古今注》：“金吾，棒也，以銅爲之，黃金塗兩末。御史大夫、司隸校尉亦得執焉。御史、校尉、郡守、都尉、縣長之類，皆以木爲吾。”以爲據此漢制有金吾，有木吾，則不得以金吾爲鳥名。吾，大棒之名；以大棒可禦非常，故以吾名之。執金吾者，執此棒。應說參以崔注，其義可盡。周壽昌《漢書注校補》據本書《高惠高后文功臣表》曲成侯蟲達“從起碭，至霸上，爲執金吾”，指出漢初本有此官，武帝時復故。王先謙《漢書補注》指出本書卷九九《王莽傳》載改名奮武。陳直《漢書新證》指出，中尉在西漢文帝時，全名稱爲備盜賊中尉，見《史記》卷一一八《淮南衡山列傳》及毛子靜所藏“備盜賊尉”封泥。

　　[5]【顏注】如淳曰：《漢儀注》有寺互。都船獄令，治水官也。【今注】中壘：沈欽韓《漢書疏證》引《通典》載司馬穰苴說曰“五人爲伍，十伍爲隊，一軍凡二百五十隊，餘奇爲握奇。故一軍以三千七百五十人，爲奇兵隊七十有二，以爲中壘，守地六千尺，積尺得四十里，以中壘四面乘之，一面得地三百步”，以爲此中壘所本。　寺互：安作璋、熊鐵基《秦漢官制史稿》以爲，“寺互掌官府門禁”。　武庫：王先謙《漢書補注》引《續漢書·百官志》：“武庫令主兵器。”陳直《漢書新證》指出《金石索·金索》有“武庫中丞”印，中丞當爲三丞之一。又郡國武庫令，疑有一部分屬於中尉，最大者莫如雒陽武庫令丞，雒陽武庫令見本書卷七四《魏相傳》及《小校經閣金文》卷一二。有雒陽武庫鍾，武帝元封二年（前109）造。《封泥考略》卷四有“雒陽武庫”封泥，其他各地之武庫，可能屬於郡國管理。　都船四令丞：陳直《漢書新證》指出西安漢城遺址中出土有“船司空丞”封泥。疑爲都船丞

之初名，本書《地理志》京兆尹有船司空縣，顏師古注“本主船之官”。案，舩，大德本、殿本作“船”，同。

　　[6]【顏注】應劭曰：式道凡三候，車駕出還，式道候持麾至宫門，門乃開。師古曰：式，表也。【今注】式道左右中候：王先謙《漢書補注》引《續漢書·百官志》本注：“本有式道左、右、中候三人，六百石。車駕出，掌在前清道，還持麾至宫門，門乃開。”陳直《漢書新證》引《漢官儀》載静室令、式道候，秦官。静室令官名，爲本表所未載。　左右京輔都尉：陳直《漢書新證》指出《封泥考略》卷一有“廣左都尉”封泥，蓋即左輔都尉之印。吴式芬云：“《史記·平準書》：益廣關置左右輔。徐廣注：元鼎三年，徙函谷關於新安東界，此左輔都尉之印，所以稱爲廣左都尉也。”又本書卷五〇《馮唐傳》唐爲車騎都尉，主中尉及郡國車士，則爲西漢中期官制，亦爲本表所未詳。

太子太傅、少傅，[1]古官。[2]屬官有太子門大夫、[3]庶子、[4]先馬、[5]舍人。[6]

　　[1]【今注】太子太傅少傅：錢大昭《漢書辨疑》引衛宏《漢舊儀》云：“皇太子黃金印，龜紐，印文曰章。下至二百石皆爲通官印。太傅一人，真二千石，禮如師。亡新更爲太子師。”又引杜佑《通典》云：“漢、魏故事，太子於二傅執弟子禮，皆爲書，不曰令。少傅稱臣而太傅不稱臣。”王先謙《漢書補注》引《續漢書·百官志》本注：太子太傅“職掌輔導太子，禮如師，不領官屬”，太子少傅“亦以輔導爲職，悉主太子官屬”。

　　[2]【今注】古官：周壽昌《漢書注校補》引《禮記·文王世子》“太傅在前，少傅在後”。又引《後漢書》卷四八《楊終傳》曰：“禮制，人君之子，年八歲爲置少傅，教之書計，以開其明；十五置太傅，教之經典，以道其志。”

　　[3]【顏注】應劭曰：員五人，秩六百石。【今注】太子門大夫：王先謙《漢書補注》引《續漢書·百官志》"職比郎將"，劉昭注引《漢官》云"門大夫二人，選四府掾屬"，以爲與此注微異。陳直《漢書新證》指出《再續封泥考略》卷三有"門淺"封泥，疑爲太子門大夫所用。又有"使馬"封泥，疑即洗馬。

　　[4]【顏注】應劭曰：員五人，秩六百石。【今注】庶子：錢大昭《漢書辨疑》據本書卷七九《馮奉世傳》云"爲太子中庶子"，本書卷八二《王商傳》同。又衛宏《漢舊儀》云"中庶子五人，職如侍中，秩六百石。庶子秩比四百石，如中郎，無員。亡新改爲中翼子"，則中庶子與庶子有別。應所注乃中庶子。表於"庶子"上脫"中"字，"庶子"下脫"庶子"二字。

　　[5]【顏注】張晏曰：先馬，員十六人，秩比謁者（秩，蔡琪本、大德本、殿本作"秩"）。如淳曰：前驅也（驅，大德本同，蔡琪本、殿本作"驅"）。《國語》曰"句踐親爲夫差先馬"。"先"或作"洗"也。【今注】先馬：王先謙《漢書補注》引《續漢書·百官志》劉昭注："《漢官》曰'選郎中補也。'"

　　[6]【今注】舍人：王先謙《漢書補注》引《續漢書·百官志》本注："二百石，無員。更置舍衞如三署郎中。"陳直《漢書新證》引衞宏《漢舊儀》序太子家官云："率更令秩千石，主庶子舍人更直。家令秩千石，主倉獄。家府比二千石，僕秩千石主馬，庶子秩四百石，如中郎無員。衞率秩比千石，丞一人，主門衞。食官令秩六百石，丞一人。中盾秩四百石，主周衞徼循。中尚翼、中泪，如中黃門，皆宦者。洗馬職如謁者十六人，庶子舍人四百石，如郎中，秩比二百石無員。"以爲"太子屬官，以《漢舊儀》所述比本表爲詳"。

　　將作少府，[1]秦官，掌治宮室，有兩丞、左右中候。[2]景帝中六年更名將作大匠。[3]屬官有石庫、東園主章、左右前後中校七令丞，[4]又主章長丞。[5]武帝太初元年更名東園主章爲木工。成帝陽朔三年省中候及左右前後中校五丞。[6]

[1]【今注】將作少府：陳直《漢書新證》指出，中國科學院考古研究所於 1957 年在今陝西西安市漢城遺址發掘有“將作少府”封泥，爲景帝中元六年（前 144）以前之物。

[2]【今注】左右中候：安作璋、熊鐵基《秦漢官制史稿》以爲，應是視察卒徒、工匠作工的官吏，或者是具體管施工的官吏。

[3]【今注】將作大匠：陳直《漢書新證》指出阿房宮遺址曾出土有“大匠”瓦片，見《關中秦漢陶録·續録》，係西漢中期之物。是將作大匠，可以簡稱爲大匠。又王先謙《漢書補注》曰：“《王莽傳》有都匠仇延，顏注‘都匠，大匠也’，蓋莽改大匠爲都匠。”另可參見劉瑞《秦漢時期的將作大匠》（《中國史研究》1998年第 4 期）。

[4]【顏注】如淳曰：章，謂大材也。舊將作大匠主材吏名章曹掾。師古曰：今所謂木鍾者，蓋章聲之轉耳。東園主章掌大材，以供東園大匠也。【今注】左右前後中校：王先謙《漢書補注》曰：“《續志》後漢有左校令、右校令各一人，掌左右工徒，六百石。丞各一人。”

[5]【顏注】師古曰：掌凡大木也。

[6]【今注】陽朔：漢成帝年號（前 24—前 21）。

詹事，秦官，[1]掌皇后、太子家，有丞。[2]屬官有太子率更、家令丞、僕、中盾、衛率、厨厩長丞，[3]又中長秋、私府、永巷、倉、厩、祠祀、食官令長丞。[4]諸宦官皆屬焉。[5]成帝鴻嘉三年省詹事官，[6]并屬大長秋。[7]長信詹事掌皇太后宮，景帝中六年更名長信少府，[8]平帝元始四年更名長樂少府。[9]

[1]【顏注】應劭曰：詹，省也，給也。臣瓚曰：《茂陵書》，詹事秩真二千石。【今注】詹事：陳直《漢書新證》以爲"詹事"即"瞻事"省文。北魏《鄭文公碑》仍寫作"太子瞻事"。又《元固墓誌》云："妻陸氏，父琇，太子瞻事。"皆尚存古義。詹事屬吏今可考者，有少内、嗇夫，見本書卷七四《丙吉傳》。王先謙《漢書補注》曰："詹事，見《鄭當時》《竇嬰》《韓安國》《霍去病》《孔光》《馬宮》《外戚傳》。"可參見羅慶康《西漢詹事考略》（《安徽史學》1988年第3期）。

[2]【顏注】師古曰：皇后、太子各置詹事（后，蔡琪本作"太后"），隨其所在以名官。

[3]【顏注】張晏曰：太子稱家，故曰家令。臣瓚曰：《茂陵中書》，太子家令秩八百石。應劭曰：中盾主周衛徼道，秩四百石。如淳曰：《漢儀注》，衛率主門衛，秩千石。師古曰：掌知漏刻，故曰率更。自此以上，太子之官也。更，音工衡反。【今注】太子率更家令丞僕中盾衛率厨厩長丞：錢大昭《漢書辨疑》引衛宏《漢舊儀》曰："率更令秩千石，主庶子舍人更直。亡新更爲中更。丞一人，秩四百石。家令千石，主倉獄。僕秩千石，主馬。中盾秩四百石，主周衛徼循。衛率秩比千石，丞一人，主門衛。"王先謙《漢書補注》曰："家令，見《鼂錯》《疏廣傳》。率更令、家令丞、厨厩長，見《王莽傳》。中盾，見《叙傳》。應注'徼道'乃'徼循'之誤也。'循''道'篆文形近。"

[4]【今注】案，陳直《漢書新證》以爲私府長丞，即私官長丞，其演變程序，陳氏推勘如下："最初稱中私府，《陶齋吉金録》卷六，有中私府銅鍾，文云：'中私府銅鍾，容一石，重卅六斤四元（元爲兩字之誤釋），十年正月甲寅造（下略）。'當爲西漢初期

未有紀年時之物。又《漢印文字徵》第七、五頁，有'中私府長李封字君游'印，亦稱爲中私府。其後或改稱私官，濰縣郭氏藏有'私官丞印'封泥（原物現存北京大學歷史系）。《封泥考略》卷一、四十七頁，亦有'私官丞印'封泥。又或改稱爲中私官，濰縣郭氏藏有'中私官丞'封泥（《齊魯封泥集存》著録有同文一品，王國維先生誤釋作中和官，殆千慮之一失）。又一九五三年五月，茂陵附近出土有中私官銅鍾，太初二年造（原物現存陝西省博物館），足證中私官名稱，是西漢中期制度。最後改稱私府，《路溫舒傳》云：'遷廣陽私府長。'雖爲王國之官，當與漢庭官名相適應，爲宣帝時制度（《漢印文字徵》第七、十四頁，有'河間私長朱弘'印。亦爲私府長省文）。本表所書，是根據最後制度。" 永巷：《三輔黃圖》卷六："永巷，永，長也。宮中之長巷，幽閉宮女之有罪者。武帝時改爲掖庭，置獄焉。" 倉：陳直《漢書新證》指出，食官又可稱爲飤官。《漢印文字徵》第五有"北海飤長""杜陵飤官□丞""東平飤官長"印。本書卷七二《貢禹傳》云："縣次具酒肉食從者及馬。"顏師古注："食讀曰飤。"以印文證之，漢代確讀"食"如"飤"。"食官"一變爲"飤官"，再變爲"飼官"，見於好畤鼎，有長樂飼官之銘文。又按：《小校經閣金文》卷一二有家官鍾，末尾有"尚食"二字，家官疑與太子家令相似，知尚食監不獨大官令有。 厩：安作璋、熊鐵基《秦漢官制史稿》以爲或爲"中厩之令"，掌皇后輿馬。 食官令：錢大昭《漢書辨疑》引衞宏《漢舊儀》："食官令，秩六百石。丞一人。"

[5]【顏注】師古曰：自此以上，皆皇后之官。【今注】案，陳直《漢書新證》指出王后屬官，統稱爲中官。《貞松堂集古遺文》補遺卷下有王后中官鼎，應是宦者爲之。

[6]【今注】鴻嘉：漢成帝年號（前20—前17）。

[7]【顏注】師古曰：省皇后詹事，總屬長秋也。

[8]【顏注】張晏曰：以太后所居宮爲名也。居長信宮則曰

長信少府，居長樂宮則曰長樂少府也。【今注】長信詹事：陳直《漢書新證》指出，今陝西西安市漢城遺址出土有"長信詹事"封泥，應是景帝中六年（前144）以前之物，與表文正合。又《居延漢簡釋文》卷三有"長信少府丞王涉"的記載，長信少府有丞，爲本表所未詳。又詹事掌皇后、太子家事，長信詹事掌皇太后宮事，本爲兩官，始終未合併。詹事後併大長秋，長信詹事，更名長信少府，吳式芬《封泥考略》誤合二官爲一官。又本書卷八九《召信臣傳》之中少府疑即長信少府之暫稱。又長信少府屬官，本表無記載。考《封泥考略》卷一有"長信私丞"封泥，私丞爲私官丞之省文。又有"長信宦丞"封泥，宦丞爲宦者丞之省文。又有"長信倉印"。《續封泥考略》卷一有"信宮車府"封泥，西安漢城遺址出土有"長信永巷"封泥。綜合推斷，長信宮當有私官長丞、宦者令丞、車府令丞、永巷令丞、長信倉長丞等官。

[9]【今注】案，周壽昌《漢書注校補》補釋曰："《哀紀》恭皇太后、恭太后各置左右詹事。《外戚傳》傅太后、丁后、成帝母太皇太后、成帝趙后并四太后各置少府、太僕，秩皆中二千石。"

　　將行，秦官，[1]景帝中六年更名大長秋，[2]或用中人，或用士人。[3]

　　[1]【顏注】應劭曰：皇后卿也。【今注】案，王先謙《漢書補注》引《續漢書·百官志》本注曰："承秦將行，宦者。"

　　[2]【顏注】師古曰：秋者，收成之時；長者，恒久之義；故以爲皇后官名。【今注】案，陳直《漢書新證》引應劭《漢官儀》云："省中有五尚"，以爲"省中"即禁中，因元后父名禁，故改稱省中。"五尚"即尚省、尚冠、尚衣、尚帳、尚席。不見於本表，疑屬於大長秋。

　　[3]【顏注】師古曰：中人，奄人也。【今注】案，王先謙

《漢書補注》曰："《續志》後漢因，'常用宦者，職掌奉宣中宮命。凡給賜宗親，及宗親當謁見者關通之，中宮出則從'，有丞。"

　　典屬國，秦官，掌蠻夷降者。武帝元狩三年昆邪王降，[1]復增屬國，[2]置都尉、丞、候、千人。屬官，九譯令。[3]成帝河平元年省并大鴻臚。[4]

　　[1]【顏注】師古曰：昆，音下門反。【今注】昆邪王：事迹見本書卷六八《金日磾傳》、卷九四上《匈奴傳上》。
　　[2]【今注】復增屬國：周壽昌《漢書注校補》據本書卷六《武紀》"元狩二年秋，匈奴昆邪王來降，置五屬國處之"，此作"三年"，誤。五屬國者，安定、天水、上郡、西河、五原。本書卷八《宣紀》："神爵二年，置金城屬國以處降羌。五鳳三年，置西河、北地屬國以處匈奴降者。"凡屬國皆都尉治之。
　　[3]【今注】九譯令：王先謙《漢書補注》曰："《尚書大傳》'周成王時，越裳氏重九譯而獻白雉'，故以名官。"
　　[4]【今注】省并大鴻臚：陳直《漢書新證》："九譯令與大鴻臚之譯官令性質相同，故兩官須要合併。"

　　水衡都尉，[1]武帝元鼎二年初置，[2]掌上林苑，[3]有五丞。屬官有上林、均輸、御羞、禁圃、輯濯、鍾官、技巧、六厩、辯銅九官令丞。[4]又衡官、水司空、都水、農倉，[5]又甘泉上林、都水七官長丞皆屬焉。[6]上林有八丞十二尉，均輸四丞，御羞兩丞，都水三丞，禁圃兩尉，甘泉上林四丞。成帝建始二年省技巧、六厩官。王莽改水衡都尉曰予虞。初御羞、上林、衡官及鑄錢皆屬少府。

　　[1]【顏注】應劭曰：古山林之官曰衡。掌諸池苑，故稱水衡。張晏曰：主都水及上林苑，故曰水衡。主諸官，故曰都。有卒徒武事，故曰尉。師古曰：衡，平也。主平其稅入。

　　[2]【今注】元鼎：漢武帝年號（前116—前111）。

　　[3]【今注】上林苑：在今陝西西安市西南鄠邑區、周至縣界，渭水以南、終南山以北。秦惠文王時即開始興建。至秦始皇時，先後在上林苑中修建了朝宮和阿房宮前殿等。西漢初荒廢，許民入墾荒。漢武帝收回，復加拓展，周圍擴至二百餘里。揚雄《羽獵賦序》："武帝廣開上林，南全宜春、鼎湖、禦宿、昆吾，旁南山而西，至長楊、五柞，北繞黃山，瀕渭而東，周袤數百里。"王先謙《漢書補注》引本書《食貨志》："初，大農榦鹽鐵官布多，置水衡，欲以主鹽鐵；及楊可告緡，上林貯物衆，乃令水衡主上林。"又引《續漢書·百官志》本注："武帝置水衡都尉，秩比二千石，別主上林苑有離宮燕休之處。"

　　[4]【顏注】如淳曰：御羞，地名也，在藍田。其土肥沃，多出御物可進者。《揚雄傳》謂之御宿（揚，大德本作"楊"）。《三輔黃圖》御羞、宜春皆苑名也。輯濯，船官也（船，蔡琪本作"舩"，同）。鍾官，主鑄錢官也。辯銅，主分別銅之種類也。師古曰：御宿，則今長安城南御宿川也，不在藍田。"羞""宿"聲相近，故或云"御羞"，或云"御宿"耳。羞者（羞，蔡琪本、大德本、殿本作"羞"），珍羞所出（珍，殿本作"珍"）。宿者，止宿之義。"輯"讀與"楫"同，音集；濯，音直孝反；皆所以行船也。《漢舊儀》云，天子六廐，未央、丞華（丞，蔡琪本同，大德本、殿本作"承"，本注下同）、駒騄、騎馬、輅軨、大廐也，馬皆萬匹。據此表，大僕屬官以有大廐、未央、輅軨、騎馬、駒騄、丞華，而水衡又云六廐技巧官，是則技巧之徒供六廐者，其官別屬水衡也（殿本無"也"字）。【今注】上林：主苑中禽獸。陳直《漢書新證》引衞宏《漢舊儀》云："上林苑廣長三

百里，置令丞左右尉。"與本表八丞十二尉之説不合。又云："上林詔獄主治苑中宫館禽獸事。"又《封泥考略》卷一有"上林丞印"，僅有一丞，與本表八丞之説亦不同，疑爲漢初制度。又《古文苑》載揚雄《百官箴》有上林苑令箴，知本表及本書卷五〇《張釋之傳》上林令，皆爲簡稱，《續漢書·百官志》則徑稱上林苑令。又上林有農官，出土有"上林農官"瓦當，與本書《食貨志》所云水衡、少府、太僕、大農各置農官之記載正合。屬吏今可考者，有虎圈嗇夫，見《張釋之傳》。傳世漢印，亦有虎圈半通印。楊得意之官狗監，疑亦屬於上林令。此外上林苑有供府，見於《漢金文録》卷一元延乘輿鼎。《十鐘山房印舉》有"共印"，疑亦爲上林供府所用。又有寺工，見於《小校經閣金文》卷一一池陽鐙及《十鐘山房印舉》"寺工"印。又上林苑範圍廣大，上林令職掌繁複，鑄造銅器，兼製漆器。《貞松堂集古遺文》卷一三有上林爲大官造銅鼎。蘇聯考兹洛夫《外蒙古調查報告》載有建平五年漆耳杯，底有"上林"二字，上述上林之供府、寺工，等於郡國之工官。　均輸：主上林苑均輸事。陳直《漢書新證》指出"大司農有均輸令，所管爲各郡國之均輸官，水衡都尉有均輸令，所管僅爲上林苑中均輸事宜。太常、少府之均官令，則爲均輸官之簡稱，亦各執其事。名稱相同，職掌地區則不相同。又按：《九章算術》卷六《均輸篇》，有算題云：'今有程傳委輸空車，日行七十里，重車日行五十里，今載太倉粟輸上林，五日三返，問太倉去上林幾何。'可證水衡都尉之均輸令，專主上林苑内均輸之事。"　御羞：主帝王膳饈原料。何焯《義門讀書記》卷一六曰："御羞與禁圃連類而言，則是出珍羞之地名。如説在藍田者爲近，不得如師古指御宿川以當之也。"周壽昌《漢書注校補》引《三輔黄圖》："御宿苑在長安城南御宿川中。漢武帝爲離宫别館，禁御人不得入，往來游觀，止宿其中，故曰御宿。《三秦記》云御宿園。"如氏以"羞""宿"音近，非。陳直《漢書新證》以爲顏師古解御羞爲御宿地名，恐未確，"御羞"即"御饈"省文，所管爲帝王膳饈之原料，太官、湯官所管爲帝王之烹調。《善齋吉金録》卷中有秦"中行羞府"印，所掌亦爲御饍事宜。本書《地理志》注交趾郡有羞官，南海郡有圃羞官，皆"饍"字省作"羞"之明證。　禁圃：安作璋、熊鐵基《秦漢官制史稿》以爲主蔬菜種植。陳直《漢書新證》指出《善齋吉金録·璽印録》卷中有"宜春禁丞"印。又《漢印文字徵》卷一有"宜春禁印"。禁圃省文，稱禁印者爲宜春苑禁圃令官署中所用之公章。應是禁圃令設在宜春苑中，故曰"宜春禁圃"，與宜秋仇弋封泥體例正同。又《封泥考略》卷一有"禁圃左丞"封泥，知禁圃令當有兩丞，與本表不同。又《封泥考略》卷一有"宜春左園"封泥。《三輔黄圖》云："宜春下苑，在京城東南隅。"宜春有上苑、下苑，當時或亦稱左苑、右苑。苑亦可稱園，御宿苑，即《三輔黄圖》引《三秦記》作"御宿園"。據此宜春左園，即宜春左苑，指宜春上苑而言，左園必設有長丞或監丞。又《十鐘山房印舉》有"右苑泉監"印，即宜春苑之下苑，泉監當爲主管泉水者，與宜春左園皆當屬於上林令，或直接隸屬於水衡都尉，爲本表所未載。　輯濯：主船舶。陳直《漢書新證》以爲顔師古注解爲"檝櫂"假借字，是。《陝西通志》卷九八宋政和中同官蒲氏，藏有"輯濯丞印"，此二字寫法亦相同。屬吏令可考者，有輯濯士，見本書卷六六《劉屈氂傳》。黄頭郎，見本書卷九三《鄧通傳》，疑亦屬於輯濯令。但文帝時未有水衡，則屬於羽林。又陝西歷史博物館在韓城市扶荔宮遺址，采集有扶荔宮磚及"舩室"瓦當。"舩"爲"船"字異文，當爲收藏行船工具之所。疑爲輯濯附屬之室。　鍾官：主鑄銅錢。陳直《漢書新證》指出《再續封泥考略》卷一有"鍾官火丞"封泥。今陝西西安市漢城遺址又出土"鍾官錢丞"封泥。據此，鍾官令當有兩丞，與本表所記不同。又《齊魯封泥集存》有"齊鍾官長"封泥，應爲西漢初期齊國鑄錢之官。封泥鍾官皆作"鍾官"，知本表爲傳寫誤字。但鍾官專司鑄錢，在名稱上尚無確解，或説鍾官其初專鑄造銅鍾，後來演變爲鑄錢官署，但水衡都尉無鑄鍾之必要，此説亦可商。　技巧：主刻錢範。陳直《漢書新證》指出《再續封泥考略》卷一有"技巧錢丞"封泥。今陝西西安市漢城向家巷又出土有"巧二"五銖範題字（見《關中秦漢陶錄》卷四），據此則技巧令當有二丞，爲本表所未詳。武帝元狩五年（前118），罷天下郡國毋鑄錢，專令上林三官鑄造五銖，自來注解《漢書》者，由魏時張晏至清代齊召南等人，三官皆指爲水衡都尉屬官之鍾官、均輸、辯銅三令丞。以近日出土封泥、漢印及錢範證之，可決定爲鍾官、技巧、辯銅三令丞，是鍾官主鼓鑄，技巧主刻範，辯銅主原料，在職守上很爲分明。《鹽鐵論·錯幣篇》又作水衡二官，不是誤字，是指初期鍾官、辯銅而言。又本書卷一〇《成紀》："建始二年，罷六厩、技巧官。"技巧在上林三官中罷廢獨早，服虔注技巧爲倡伎之巧，可證在東漢末期，已不能知技巧令之職守。　六厩：主養馬。《漢書考正》劉攽曰："表叙水衡九屬官，技巧、六厩各一物也。後省技巧、六厩，顏遂謂此都是一官，非矣。蓋上林自有六厩一令丞主之。後六厩等別有官，非此六厩也。"　辯銅：主鑄錢原料。

[5]【今注】衡官：主税收兼鑄錢。陳直《漢書新證》指出"衡官亦兼管一部分鑄錢事。《漢武都太守耿勳碑》云：'又開故道銅山，鑄作錢器，興利無極。'故李翕《西狹頌》，武都郡有衡官掾及衡官有秩。可以證明衡官在武都是專主鑄錢事宜，仍沿用水衡都尉之衡官名稱"。　水司空：安作璋、熊鐵基《秦漢官制史稿》以爲是"掌治水和罪人的機構"。　都水：安作璋、熊鐵基《秦漢官制史稿》以爲"主平水及收漁税"。　農倉：主藏穀。陳直《漢書新證》以爲"都水農倉"是一官，"大司農屬官有郡國諸倉農監都水六十五官長丞，所管指郡國農倉而言。水衡都尉屬官亦有都水農倉，指上林苑中農倉而言"。又《十鐘山房印舉》有"都水溫監"印。漢代各官署有都水者多，未能確定所屬，此印爲交錯文，溫監疑爲管理溫泉部分。

[6]【今注】甘泉上林都水七官：此句讀法爭議較多，參見安作璋、熊鐵基《秦漢官制史稿》。《漢書考正》劉攽曰："都水官處

處有之，案表，少府、三輔皆有焉。水衡屬官先叙九官令丞矣，後列長丞又云‘上林’，計令、長不當並置，然則甘泉上林長是一官，甘泉都水是一官，自衡官以下凡六，言‘七’者誤也。”陳直《漢書新證》：“自衡官至都水，當爲五官長丞，本表所稱之七官，疑爲傳寫之誤字。”今可確定者有“甘泉上林”，或爲一宫名，陳直《漢書新證》又指出：“甘泉上林長丞，自來注家解釋未安。蓋爲一宫之名，下文都水當爲甘泉都水之簡稱，與上文甘泉上林係連叙。薛氏《鐘鼎款識》卷二十、一頁，有甘泉上林宫行鐙，五鳳二年造。又《八瓊室金石補正》卷七、二十四頁，有‘甘泉上林’瓦當，及‘甘林’瓦當，甘林爲甘泉上林之簡稱。又《高惠功臣表》，山都侯王恬啓曾孫當以元封元年坐闌入甘泉上林免。皆可證明甘泉上林爲一宫之名，決非甘泉宫與上林苑二者之聯文。”

　　内史，周官，秦因之，掌治京師。景帝二年分置左内史。[1]右内史武帝太初元年更名京兆尹，[2]屬官有長安市、厨兩令丞，[3]又都水、鐵官兩長丞。[4]左内史更名左馮翊，[5]屬官有廩犧令丞尉。[6]又左都水、鐵官、雲壘、長安四市四長丞皆屬焉。[7]

　　[1]【顔注】師古曰：《地理志》云武帝建元六年置左右内史，而此表云景帝二年分置，表、志不同；又據《史記》，知志誤矣。【今注】景帝二年分置左内史：錢大昭《漢書辨疑》據本表下指出，景帝元年（前156）中大夫朝錯爲左内史，二年左内史朝錯爲御史大夫，則分置左右又在景帝之前。本書《地理志》以爲武帝建元六年分置者非，而此表以爲景帝二年分置者亦未是。王念孫《讀書雜志·漢書第三》以爲“分置左内史”當爲“分置左、右内史”，是。陳直《漢書新證》指出《封泥考略》卷一有“内史之印”封泥。不分左右，爲景帝二年以前之物。

[2]【顔注】張晏曰：地絶高曰京。《左傳》曰“莫之與京”。十億曰兆。尹，正也。師古曰：京，大也。兆者，衆數。言大衆所在，故云京地也（地，蔡琪本、大德本、殿本作“兆”）。

[3]【今注】長安市厨：安作璋、熊鐵基《秦漢官制史稿》以爲長安市令丞主管長安城内商業貿易。長安厨令丞掌爲帝王巡幸境内離宮別館時之供帳。陳直《漢書新證》指出“京兆尹、左馮翊，皆有長安市令丞。三輔皆有都水、鐵官。京兆尹、右扶風皆有厨令丞。官名雖同，所管之地區不同，如在長安境内之厨，則稱爲長安厨令。在右扶風境内之厨，則稱爲雝厨”。又《陶齋吉金録》卷六有“南陵大泉銅鍾，建平四年十一月，長安市造”，即長安市令所督造。又長安厨令所掌爲帝王巡幸境内離宮別館時之供帳。長安厨留存之銅器，有孝成廟鼎，見薛氏《鐘鼎款識》卷一八。又有元延銷，見《兩漢金石記》卷四。銘文皆記載爲長安共厨所用，所以共厨屬於長安厨令所統轄。屬吏今可考者有厨官，見本書《郊祀志下》。此外祠有祠厨，見《漢印文字徵》“祠厨”印。壿有壿厨，見同書“長壽單右厨護”印。狗監有狗厨，見“弄狗厨印”。又有厨車，見本書卷六六《劉屈氂傳》。疑皆與厨令有關。京兆尹屬吏今可考者，有賊捕掾、主簿，見本書卷七六《張敞傳》。有門下督，見本書卷九二《游俠傳》。有督郵，見本書卷七七《孫寶傳》。又《善齋吉金録·璽印録》卷下有“長安獄丞”印，爲本表所載。《封泥考略》卷七有“長安廣尉”封泥。吳式芬疑爲廣左都尉屬官，或爲與長安獄丞皆長安令屬官，或直轄於京兆尹，亦未可知。

[4]【今注】都水：主水利灌漑。本書卷三六《楚元王傳》：“使領護三輔都水。”蘇林曰：“三輔多漑灌渠，悉主之，故言都水。”陳直《漢書新證》指出漢官多有都水名稱，三輔亦各有都水令丞，所管地區不同。　鐵官：王先謙《漢書補注》曰：“鐵官在鄭縣，見《地理志》。”陳直《漢書新證》：“三輔皆有鐵官，是分區管理鐵官者，不是直接冶鑄者，王先謙《補注》徵引《地理志》

三輔有鐵官之地區，分列在左馮翊、右扶風之下，實爲誤解。"

  [5]【顏注】張晏曰：馮，輔也。翊，佐也。

  [6]【顏注】師古曰：廩主藏穀，犧主養牲，皆所以供祭祀也。【今注】廩犧令丞尉：王先謙《漢書補注》引《續漢書·百官志》："廩犧令，六百石，掌祭祀犧牲雁鶩之屬。"又陳直《漢書新證》指出左馮翊屬吏有計掾，見薛氏《鐘鼎款識》卷一八（宣帝）甘露元年（前53）谷口銅甬。

  [7]【今注】左都水：陳直《漢書新證》指出1948年陝西西安市漢城遺址曾出土"都水丞印""部陽承印"封泥，兩印合打印在一塊泥土上。此都水丞爲左馮翊之都水無疑，但封泥不稱爲左都水，與本表微有不同。 鐵官：王先謙《漢書補注》曰"鐵官在夏陽"，見本書《地理志》。 長安四市四長丞：陳直《漢書新證》指出陝西西安市漢城遺址中出土"市府"封泥最多，文字最精。又有東西南北四市封泥，皆爲半通式，爲左馮翊長安四市長所用者。又左馮翊亦當有厨令丞，現存有臨晉鼎，爲臨晉厨所造，見《小校經閣金文》卷一一。左馮翊龐真爲少府造壽成室鼎，見《陶齋吉金錄》卷五。是左馮翊囑長安市長所造，與南陵大泉銅鍾正同。案，長，大德本誤作"畏"。

  主爵中尉，秦官，掌列侯。[1]景帝中六年更名都尉，[2]武帝太初元年更名右扶風，[3]治内史右地。屬官有掌畜令丞。[4]又有都水、鐵官、厩、廱厨四長丞皆屬焉。[5]與左馮翊、京兆尹是爲三輔，[6]皆有兩丞。列侯更屬大鴻臚。元鼎四年更置三輔都尉、都尉丞各一人。[7]自大子太傅至右扶風，皆秩二千石，丞六百石。[8]護軍都尉，[9]秦官，武帝元狩四年屬大司馬，成帝綏和元年居大司馬府比司直，哀帝元壽元年更名司寇，平帝元始元年更名護軍。

[1]【今注】掌列侯：陳直《漢書新證》以爲，“主爵都尉原掌列侯及官爵，對於八級以下之民爵，疑亦兼管。自改隸大鴻臚後，鴻臚除掌歸義民族之外，管理爵政，亦重要，故揚雄《百官箴》云‘鴻臚司爵’，是其明證”。

[2]【今注】案，錢大昭《漢書辨疑》據本表下，景帝中元五年（前145）尚有主爵中尉不疑。

[3]【顏注】張晏曰：扶，助也。風，化也。

[4]【顏注】如淳曰：《尹翁歸傳》曰“豪彊有論罪，輸掌畜官，使斫莝”，《東方朔》曰“益爲右扶風”，畜牧之所在也。【今注】掌畜：陳直《漢書新證》指出《善齋吉金録·璽印録》卷中有“畜官”印，疑爲掌畜令之屬吏。

[5]【顏注】如淳曰：五畤在廱，故有厨。【今注】有都水：《漢書考正》劉攽以爲“有”當作“右”，上云“左都水”，此爲“右都水”。　鐵官：王先謙《漢書補注》指出鐵官在雍、漆二縣，見本書《地理志》。　廱厨：陳直《漢書新證》以爲廱厨之“廱”字，係三輔之總稱，其範圍不僅限於雍縣。右扶風雍厨長，在各縣所設之共厨甚多。

[6]【顏注】服虔曰：皆治在長安城中（殿本無“城”字）。師古曰：《三輔黃圖》云，京兆在尚冠前街東入，故中尉府；馮翊在人上皇廟西入（人，蔡琪本、大德本、殿本作“太”）；右扶風在夕陰街北入，故主爵府。長安以東爲京兆，長陵以北爲左馮翊，渭城以西爲右扶風也。

[7]【今注】案，王先謙《漢書補注》：“京輔都尉見上‘中尉’下，非缺文。”

[8]【今注】案，王先謙《漢書補注》引《續漢書·百官志》：“太子太傅中二千石。”

[9]【今注】案，陳直《漢書新證》指出護軍都尉，見本書卷六九《趙充國傳》，當與本書卷四〇《陳平傳》之護軍中尉相似，又本書《藝文志》有護軍射師王賀，疑爲護軍都尉之屬吏。

司隸校尉，周官，[1]武帝征和四年初置。[2]持節，從中都官徒千二百人，[3]捕巫蠱，[4]督大姦猾。[5]後罷其兵。察三輔、三河、弘農。[6]元帝初元四年去節。成帝元延四年省。綏和二年，哀帝復置，但爲司隸，冠進賢冠，[7]屬大司空，比司直。城門校尉掌京師城門屯兵，[8]有司馬、[9]十二城門候。[10]中壘校尉掌北軍壘門內，外掌西域。[11]屯騎校尉掌騎士。步兵校尉掌上林苑門屯兵。越騎校尉掌越騎。[12]長水校尉掌長水宣曲胡騎。[13]又有胡騎校尉，掌池陽胡騎，不常置。[14]射聲校尉掌待詔射聲士。[15]虎賁校尉掌輕車。[16]凡八校尉，皆武帝初置，有丞、司馬。[17]自司隸至虎賁校尉，秩皆二千石。

[1]【顏注】師古曰：以掌徒隸而巡察，故云司隸。【今注】案，錢大昭《漢書辨疑》引本書卷八四《翟方進傳》曰：“故事，司隸校尉位在司直下，初除，謁兩府，其有所會，居中二千石前，與司直並迎丞相、御史。”參見龔志偉《兩漢司隸校尉始“部七郡”平議：兼論該官的雙重性格》（《文史》2016年第2輯）及王爾春《漢代司隸校尉的監察區域及其權力演變》（《南都學壇》2016年第1期）。

[2]【今注】征和：漢武帝年號（前92—前89）。

[3]【顏注】師古曰：中都官，京師諸官府也。

[4]【今注】捕巫蠱：巫蠱之禍在漢武帝征和二年（前91），

故安作璋、熊鐵基《秦漢官制史稿》以爲官當置於征和二年，班固誤記。《續漢書·百官志》劉昭注引荀綽《晉百官表注》曰：“征和中，陽石公主巫蠱之獄起，乃依周置司隸。”

[5]【顏注】師古曰：督，謂察視也。【今注】督大姦猾：《續漢書·百官志》稱“掌察舉百官以下，及京師近郡犯法者”，劉昭注引蔡質《漢儀》曰：“職在典京師，外部諸郡，無所不糾。封侯、外戚、三公以下，無尊卑。入宮，開中道稱使者。每會，後到先去。”

[6]【今注】三河：漢代稱河内、河南、河東三郡爲“三河”。河内郡，治懷縣（今河南武陟縣西南）。河南郡，治洛陽縣（今河南洛陽市東北）。河東郡，治安邑縣（今山西夏縣西北）。 弘農：郡名。治弘農縣（今河南靈寶市北）。

[7]【今注】進賢冠：古時儒者所戴的黑布冠。《續漢書·輿服志下》：“進賢冠，古緇布冠也，文儒者之服也。前高七寸，後高三寸，長八寸。公侯三梁，中二千石以下至博士兩梁，自博士以下至小史私學弟子，皆一梁。”沈欽韓《漢書疏證》曰：“四字不合表例，疑注家語攙入。”

[8]【今注】案，王先謙《漢書補注》曰：“《周禮》司門職也。《續志》後漢同。”後漢城門校尉“掌雒陽城門十二所”。

[9]【顏注】師古曰：八屯各有司馬也。【今注】案，王先謙《漢書補注》以爲自中壘而下八屯各有司馬，與城門無涉。顏説誤。

[10]【顏注】師古曰：門各有候，蕭望之署小苑東門候，亦其比也。【今注】十二城門候：錢大昭《漢書辨疑》指出本書卷六六《蔡義傳》“遷覆盎城門候”，是其一也。王先謙《漢書補注》引《續漢書·百官志》：“每門候一人，六百石。”陳直《漢書新證》以爲，十二城門候，指長安十二城門而言，其他宮城門候，疑亦屬於十二城門候者，如本書《蔡義傳》爲覆盎城門候。屬於城門候者，如本書卷七八《蕭望之傳》爲小苑東門候。西安漢城遺址曾

出土有“建春門候”印。《漢印文字徵》有“昭城門候”印。此外漢城遺址曾出土有“章門觀監”封泥。以上亦當爲城門校尉屬官，本表不載。

[11]【顏注】師古曰：掌北軍壘門之内，而又外掌西域。【今注】西域：王念孫《讀書雜志·漢書第三》以爲，“西域”當作“四城”，字相似，又涉下文“西域”而誤。陳直《漢書新證》以爲可以商榷，“考中壘校尉所掌僅爲北軍之壘門，京師之四城，有執金吾之徼巡，有城門校尉之屯衛，似無須壘牀築屋之職守。若指爲北軍壘門之四城，則表文反爲贅詞。《趙充國傳》云：‘有詔將八校尉，與驍騎都尉、金城太守，合疏捕山間虜。’據此八校尉，皆有從軍西域之職責。又劉向曾官中壘校尉，上書訟論陳湯矯制發兵事，亦可爲外掌西域之一證”。

[12]【顏注】如淳曰：越人内附，以爲騎也。晉灼曰：取其材力超越也。師古曰：《宣紀》言佽飛射士（射，殿本作“騎”）、胡越騎，又此有胡騎校尉。如説是。【今注】越騎校尉：何焯《義門讀書記》卷一六以爲騎非越人所長，似晉説是。不當如師古以下文胡騎比例。案，屯騎、步兵、越騎，《續漢書·百官志》云“比二千石”。

[13]【顏注】師古曰：長水，胡名也。宣曲，觀名。胡騎之屯於宣曲者。【今注】長水校尉：顧炎武《日知録》卷二七以爲長水是河流名。本書《郊祀志》：“灞、滻、灃、澇、涇、渭、長水，以近咸陽，故盡得比山川祠。”又《史記·封禪書》司馬貞《索隱》：“《百官表》有長水校尉。沈約《宋書》云‘營近長水，故名’。《水經》云‘長水出白鹿原’，今之荆溪水是也。”王先謙《漢書補注》曰：“長水、宣曲皆胡騎，屯長水者謂之長水胡騎，屯宣曲者謂之宣曲胡騎，各爲營校。”陳直《漢書新證》：“顏師古注：‘長水，胡名。’與表文掌宣曲胡騎正合。”

[14]【顏注】師古曰：胡騎之屯池陽者也。【今注】池陽：

縣名。以在池水之陽得名，治所在今陝西涇陽縣西北。

　　[15]【顏注】服虔曰：工射者也。冥冥中聞聲則中之，因以名也。應劭曰：須詔所命而射，故曰待詔射也。

　　[16]【今注】案，王先謙《漢書補注》曰：“《王莽傳》云輕車校尉，即虎賁校尉也。”

　　[17]【顏注】師古曰：自中壘以下凡八校尉。城門不在此數中（門，殿本誤作“中”）。【今注】案，錢大昭《漢書辨疑》曰：“胡騎不常置，故亦稱七校，《刑法志》所謂‘武帝内增七校’是也。”王先謙《漢書補注》曰：“軍政丞，見《胡建傳》，當是此所謂丞也。”

　　西域都護加官，宣帝地節二年初置，[1]以騎都尉、諫大夫使護西域三十六國，[2]有副校尉，[3]秩比二千石，丞一人，司馬、候、千人各二人。戊己校尉，元帝初元元年置，[4]有丞、司馬各一人，候五人，秩比六百石。

　　[1]【今注】地節二年：王先謙《漢書補注》據本書卷八《宣紀》、卷九六《西域傳》，“都護加官始於鄭吉，當是神爵二年，非地節”。本書卷七〇《鄭吉傳》亦云“神爵中”，而贊又誤爲“地節”。（參見張瑛《漢代西域都護設置的時間及其職責相關問題考辨》，《西北民族大學學報》2019年第3期）

　　[2]【今注】西域三十六國：都善、且末、精絶、扜彌、渠勒、于闐、皮山、莎車、婼羌、小宛、戎盧、烏秅、西夜、子合、蒲犂、依耐、無雷、捐毒、疏勒、尉頭、姑墨、温宿、龜兹、烏壘、渠犂、尉犂、危須、焉耆、車師前國、車師後國、卑陸、卑陸後國、蒲類、蒲類後國、西且彌、東且彌（詳見周振鶴《西漢西域都護所轄諸國考》，《新疆大學學報》1985年第2期）。

　　[3]【今注】副校尉：陳直《漢書新證》據《居延漢簡釋文》

有簡文略云"元康四年二月己未朔，己亥，使鄯善以西校尉吉，副衞司馬富昌云云"，以爲校尉吉即鄭吉，富昌當即本書卷六九《趙充國傳》之長水校尉富昌。則西域都護，有時稱爲西域校尉，副校尉有時亦書兼官。

[4]【顏注】師古曰：甲乙丙丁庚辛壬癸皆有正位，唯戊己寄治耳。今所置校尉亦無常居，故取戊己爲名也。有戊校尉，有巳校尉。一説，戊巳居中，鎮覆四方，今所置校尉亦處西域之中撫諸國也。【今注】戊己校尉：陳直《漢書新證》指出戊己校尉屬吏今叮考者，有史、有曲候，見本書卷九四《匈奴傳》。

奉車都尉，[1]掌御乘輿車，駙馬都尉掌駙馬，[2]皆武帝初置，秩比二千石。侍中、左右曹、諸吏、散騎、常侍，皆加官，[3]所加或列侯、將軍、卿大夫、將、都尉、尚書、太醫、太官令至郎中，亡員，[4]多至數十人。侍中、中常侍得入禁中，[5]諸曹受尚書事，[6]諸吏得舉法，[7]散騎騎並乘輿車。[8]給事中亦加官，[9]所加或大夫、博士、議郎，[10]掌顧問應對，位次中常侍。中黃門有給事黃門，[11]位從將大夫。[12]皆秦制。

[1]【今注】奉車都尉：王先謙《漢書補注》引《釋名》："奉車都尉，奉天子乘輿"，韋昭《辨》云："主乘輿。車尊不敢言主，故言奉。"

[2]【顏注】師古曰：駙，副馬也。非正駕車，皆爲副馬（副，殿本作"駙"）。一曰，駙，近也，疾也。

[3]【顏注】應劭曰：入侍天子，故曰侍中。晉灼曰：《漢儀注》，諸吏、給事中日上朝謁，平尚書奏事，分爲左右曹。魏文帝合散騎、中常侍爲散騎常侍也。【今注】案，錢大昕《三史拾遺》

卷二以爲，自侍中而下，即本書所稱中朝官，亦謂之内朝臣。考高帝時盧綰爲將軍，常侍中；孝惠時郎、侍中皆冠鵔鸃，貝帶，傅脂粉；是漢初已有侍中。武帝初，嚴助、朱買臣皆侍中，貴幸用事，始與聞朝政。厥後衞青、霍去病、霍光、金日磾皆由侍中進，而權勢出宰相之上。武帝時，霍光、韓增皆爲郎，遷諸曹侍中。宣帝時，蘇武、杜延年、劉安民爲右曹，張延壽爲左曹，此左右曹之始。宣帝時，楊惲爲諸吏光禄勳，此諸吏之始。宣帝時，張霸爲散騎中郎將，張勃、劉更生爲散騎諫大夫，此散騎之始。司馬相如以訾爲郎，事景帝爲武騎常侍，則景帝時已有常侍。武帝常與侍中、常侍、武騎及待詔隴西北地良家子能騎射者微行，而東方朔亦爲常侍郎。然其時未見中常侍之名，至元、成以後始有之。元帝時有中常侍許嘉；成帝時有中常侍䛐閎；成帝欲以劉歆爲中常侍，大將軍王鳳以爲不可，乃止；本書卷一〇〇《叙傳》班伯爲中常侍；哀帝時有中常侍王閎、宋宏等；皆士人也。後漢中常侍並以宦者爲之，非西京舊制矣。又諸加官後與大司馬、諸將軍發展爲“中朝官”。（參見安作璋、熊鐵基《秦漢官制史稿》；祝總斌《兩漢魏晉南北朝宰相制度研究》，北京大學出版社 2017 年版）。常侍，蔡琪本、殿本作“中常侍”，是。

[4]【顏注】如淳曰：將，謂郎將以下也。自列侯下至郎中，皆得有散騎及中常侍加官。是時散騎及常侍各自一官，亡員也。【今注】亡員：王先謙《漢書補注》指出，此言所加侍中等官皆亡員，多至數十人耳，非謂“散騎、常侍各一官，亡員也”。如説誤。

[5]【今注】侍中中常侍：《漢書考證》齊召南指出，本表不言置官本末，即漢官。沈約《宋書·百官志》甚詳。若《晉書·百官志》謂“黃帝時風后爲侍中”，則杜佑《通典》所云出兵家讖書，不足信者。《宋書·百官志上》：“侍中本秦丞相史也，使五人往來殿内東廂奏事，故謂之侍中。漢西京無員，多至數十人，入侍禁中，分掌乘輿服物，下至褻器虎子之屬。”

[6]【今注】諸曹：沈欽韓《漢書疏證》據應劭《漢官儀》，左右曹日上朝謁。以爲是漢武帝後始見，亦如尚書五曹而總於領尚書事者，杜延年、辛慶忌、段會宗、王章、趙印、劉歆皆是。劉安民、楊惲、陳咸並以郎中爲左右曹。又如金涉爲左曹，蘇武弟子爲右曹，王莽兄永爲諸曹，皆不著其官。或世家門子便得爲之。

[7]【今注】諸吏：沈欽韓《漢書疏證》引賈山《至言》“選方正之士賢者使爲常侍諸吏”，以爲此諸吏之始。加諸吏得舉劾殿省吏不法。又引《太平御覽》卷二二九載《漢官解詁》曰：“士之權貴不過尚書，其次諸吏。” 舉法：舉劾。楊樹達《漢書窺管》引《説文·力部》：“劾，法有罪也。”以爲“劾”可訓“法”，知“法”亦可訓“劾”，此“法”即劾字之義。本書卷八三《薛宣傳》云：“有司法君領職解嫚。”本書卷八六《王嘉傳》云：“非愛死而不自法。”本書卷九〇《王温舒傳》云：“此人雖有百罪，勿法。”“法”皆當訓劾。謝承《後漢書》云：“許永爲司隸校尉，舉法無所回避。”亦以舉法連文。

[8]【顔注】師古曰：並，音步浪反。騎而散從，無常職也。【今注】散騎：沈欽韓《漢書疏證》引《太平御覽》卷二二四載應劭《漢官儀》曰：“秦及前漢置散騎及中常侍各一人，散騎騎馬並乘輿車，獻可替否。”

[9]【顔注】師古曰：《漢官解詁》云，掌侍從左右，無員，常侍中。【今注】給事中：衞宏《漢舊儀》：“諸給事中日上朝謁，平尚書奏事，分爲左右曹。以有事殿中，故曰給事中。多名儒、國親爲之，掌左右顧問。”

[10]【今注】案，錢大昕《三史拾遺》卷二指出，“武帝時終軍以謁者給事中，宣帝時田延年以大司農給事中，杜延年以太僕給事中，魏相以御史大夫給事中，元帝時蕭望之以官內侯給事中，劉更生以宗正給事中，成帝時辛慶忌以右將軍給事中，哀帝時董賢爲大司馬給事中。是三公、列將軍、九卿皆得加之，不止大夫、博

士、議郎"。

[11]【今注】給事黃門：王先謙《漢書補注》曰："給事黃門，見劉向、孔光傳。給事黃門侍郎，見《藝文志》；又黃門侍郎，見《李尋》、《揚雄傳》。以志文例之，皆以侍郎而給事黃門，故蒙此稱也。吾丘壽王願養馬黃門，蓋亦給事之義矣。"

[12]【今注】位從將大夫：王念孫《讀書雜志·漢書第三》以爲，"將"下有"軍"字。王先謙《漢書補注》以爲"將大夫"，猶上文"大夫將"，"將"下不應有"軍"字。"從"當爲"次"之訛字。

爵，[1]一級曰公士，[2]二上造，[3]三簪褭，[4]四不更，[5]五大夫，[6]六官大夫，[7]七公大夫，[8]八公乘，[9]九五大夫，[10]十左庶長，十一右庶長，[11]十二左更，十三中更，十四右更，[12]十五少上造，十六大上造，[13]十七駟車庶長，[14]十八大庶長，[15]十九關內侯，[16]二十徹侯。[17]皆秦制，以賞功勞。徹侯金印紫綬，避武帝諱，曰通侯，或曰列侯，改所食國令長名相，[18]又有家丞、門大夫、庶子。[19]

[1]【今注】爵：錢大昭《漢書辨疑》指出，自公士至公乘，皆民之爵，生以爲禄位，死以爲號諡。凡言賜民爵者即此。自五大夫至徹侯，則官之爵。本書卷一〇《成紀》成帝永始二年（前15）詔曰："吏民以義收食貧民，其百萬以上，加賜爵右更，欲爲吏補三百石"，是爵至十四級與三百石吏相埒；準是以推，九級之五大夫等比百石，十級之左庶長等百石，十一級之右庶長等比二百石，十二級之左更等二百石，十三級之中更等比三百石矣；故謂之官爵。武帝時又有武功爵，見本書《食貨志》。漢代爵制參見凌文超

《漢初爵制結構的演變與官、民爵的形成》（《中國史研究》2012 年第 1 期）及孫聞博《二十等爵確立與秦漢爵制分層的發展》（《中國人民大學學報》2016 年第 1 期）。

[2]【顏注】師古曰：言有爵命，異於士卒，故稱公士也。

[3]【顏注】師古曰：造，成也，言有成命於上也。

[4]【顏注】師古曰：以組帶馬曰褭。簪褭者，言飾此馬也。褭，音乃了反（殿本無“褭音乃了反”五字）。【今注】簪褭：楊樹達《漢書窺管》據《說文·衣部》云：“褭，以組帶馬也。從衣，從馬。”文作褭，誤。以字音與鳥同，故致誤。陳直《漢書新證》據王充《論衡·謝短篇》云：“名曰簪褭上造何語。”可見“簪褭”二字在東漢初期，已難解釋，後來注家，多屬望文生義。當闕如。

[5]【顏注】師古曰：言不豫更卒之事也。更，音工衡反（衡，蔡琪本、殿本作“行”）。【今注】不更：沈欽韓《漢書疏證》指出，爵五大夫以上方不徭役。顏說非。陳直《漢書新證》指出顏師古注本於衛宏《漢舊儀》，其實不然。漢代八級爵以上，始不與徭役，《舊儀》所記，可能爲秦制。敦煌、居延木簡中，不更爵戍邊者多不勝舉，是其明證。又秦代重爵，往往有爵位，無官位，無爵位者，始稱官位，與漢代無官位則稱爵位之風氣不同。如《史記》卷六八《商君列傳》，賜爵右庶長、大良造是也。《琅玡臺石刻》亦有五大夫楊樛題名。再證以秦封邑陶券文中，有大良造、庶長、右庶長、不更四爵名。《小校經閣金文》卷一〇有輅庶長戈。《三代吉金文錄》卷五有五大夫弩機。又本書卷一《高紀》五年詔有云：“七大夫、公乘以上皆高爵也”，“異日秦民爵公大夫以上，令丞與亢禮”。可見秦爵自第七級起，雖在民爵範圍之內，但已甚覺光榮。

[6]【顏注】師古曰：列位從大夫。

[7]【今注】官大夫：楊樹達《漢書窺管》據本書卷四一《樊噲傳》：賜爵國大夫。文穎注以爲即官大夫，爵第六級。是官大夫

又名國大夫。

[8]【顏注】師古曰：加官“公”者，示稍尊也。【今注】公大夫：沈欽韓《漢書疏證》曰：“秦爵，公大夫以上，令丞與亢禮。以其爵第七品，亦曰七大夫。見曹參、夏侯嬰、灌嬰傳。”楊樹達《漢書窺管》據本書《樊噲傳》：賜爵列大夫。文穎注以爲謂即公大夫，爵第七級。是公大夫又名列大夫。

[9]【顏注】師古曰：言其得乘公家之車也。【今注】公乘：楊樹達《漢書窺管》據本書《樊噲傳》：賜爵國大夫。據文穎說爲第六級；次賜列大夫，爲第七級；次賜上聞爵，次賜五大夫，爲第九級。錢大昭《漢書辨疑》因推定上聞爵即第八級之公乘。

[10]【顏注】師古曰：大夫之尊也。【今注】五大夫：沈欽韓《漢書疏證》曰：“爵至五大夫則復家，民爵不得及此者，患復者多也。”王先謙《漢書補注》引本書《食貨志》曰：“入粟邊四千石爲五大夫。”

[11]【顏注】師古曰：庶長，言爲衆列之長也。【今注】右庶長：王先謙《漢書補注》：“景帝後元年，賜中二千石諸相爵右庶長。武帝元狩元年立皇太子，賜中二千石爵右庶長。”楊樹達《漢書窺管》引《左傳》襄公十一年云：“秦庶長鮑庶長武帥師伐晉以救鄭。”杜預注：“庶長，秦爵也。”知庶長本秦制，春秋時已有。

[12]【顏注】師古曰：更，言主領更卒，部其役使也。更，音工衡反（衡，蔡琪本、殿本作“行”）。【今注】案，沈欽韓《漢書疏證》曰：“宣帝即位，賜二千石左更爵。成帝時，吏民以義收食貧民，其百萬以上，加賜爵右更。”

[13]【顏注】師古曰：言皆主上造之士也。【今注】大上造：沈欽韓《漢書疏證》指出此即《史記》之大良造。

[14]【顏注】師古曰：言乘駟馬之車而爲衆長也。

[15]【顏注】師古曰：又更尊也。【今注】大庶長：沈欽韓《漢書疏證》曰：“漢文帝令民入粟於邊萬二千石，爲大庶長。”

[16]【顏注】師古曰：言有侯號而居京畿，無國邑。

[17]【顏注】師古曰：言其爵位上通於天子。

[18]【今注】改所食國令長名相：王先謙《漢書補注》曰："王莽爲新都侯，孔休守新都相，見《莽傳》。《後志》：'每國置相一人，其秩各如本縣。本注：主治民，如令、長，不臣也。但納租於侯，以户數爲限。'"

[19]【今注】家丞門大夫庶子：王先謙《漢書補注》引《續漢書·百官志》本注："家丞、庶子各一人，主侍侯，使理家事。舊有行人、洗馬、門大夫"，又以爲"共五官，此表失載行人、洗馬"。陳直《漢書新證》指出現出土列侯家丞印，以王莽時五等封爲最多。《十鐘山房印舉》有"多睦子""章符子""會睦男""康武男""雍睦男"五家丞印。

諸侯王，高帝初置，[1]金璽盭綬，[2]掌治其國。有太傅輔王，[3]内史治國民，中尉掌武職，丞相統衆官，群卿大夫都官如漢朝。[4]景帝中五年令諸侯王不得復治國，[5]天子爲置吏，改丞相曰相，省御史大夫、廷尉、少府、宗正、博士官，大夫、謁者、郎諸官長丞皆損其員。武帝改漢内史爲京兆尹，中尉爲執金吾，郎中令爲光禄勳，故王國如故。損其郎中令，秩千石；改太僕曰僕，秩亦千石。成帝綏和元年省内史，更令相治民，如郡太守，[6]中尉如郡都尉。

[1]【顏注】師古曰：蔡邕云："漢制皇子封爲王，其實諸侯也。周末諸侯或稱王，而漢天子自以皇帝爲稱，故以王號加之，總名諸侯王也。"

[2]【顏注】如淳曰：盭，音戾。盭，綠也，以綠爲質。晉灼

曰：藎，草名也，出琅邪平昌縣，似艾，可染綠，因以爲綬名也。師古曰：晉説是也。璽之言信也。古者印璽通名，今則尊卑有別。《漢舊儀》云"諸侯王黄金璽，橐陀鈕（陀，蔡琪本、大德本、殿本作'佗'），文曰璽"，謂刻云"某王之璽"。【今注】金璽：俞樾《湖樓筆談》卷四引《後漢書》卷四八《徐璆傳》李賢注引衛宏曰："秦以前以金、玉、銀爲方寸璽。秦以來天子獨稱璽，又以玉，群下莫敢用"，以爲其説非。諸侯王印稱璽者，陳直《漢書新證》舉列頗詳。　藎：音lì。

　　[3]【今注】太傅：王先謙《漢書補注》曰："《後志》成帝時改太傅但曰傅。"

　　[4]【今注】群卿大夫都官如漢朝：王先謙《漢書補注》指出漢初立諸王，因項羽所立諸王之制。其官職，傅爲太傅，相爲丞相，又有御史大夫及諸卿，皆秩二千石，百官皆如朝廷；國家唯爲置丞相，其御史大夫以下皆自置。陳直《漢書新證》引衛宏《漢舊儀》云："帝子爲王，王國置太傅、相、中尉各一人，秩二千石以輔王。僕一人秩千石，郎中令秩六百石，置官如漢朝官吏。郎、大夫四百石以下自調除，國中漢置内史一人，秩二千石，治國如郡太守都尉，職事調除吏屬。相、中尉、傅，不得與國政，輔王而已。"稱此條所云，是西漢初中期之王國官制，因改太僕爲僕，已在武帝時。原文恐有顛倒殘缺，如郎中令秩二千石，在王國則秩千石，不應爲六百石，故知原文有脱落。但《漢舊儀》職掌與調除，比本表記載爲詳。又漢初諸侯王設官，都如漢朝，以《史記》《漢書》及出土之封泥、漢印來印證，是完全符合的。

　　[5]【今注】景帝中五年：錢大昭《漢書辨疑》曰："《景紀》在中三年。"

　　[6]【今注】如郡太守：錢大昭《漢書辨疑》引本書卷八一《孔光傳》補釋云："孔霸，宣帝時遷高密相。是時諸侯王相在郡守上。"及下"中尉如郡都尉"，周壽昌《漢書注校補》曰："此從翟

方進、何武之奏，見《武傳》。"

　　監御史，[1]秦官，掌監郡。漢省，丞相遣史分刺州，不常置。武帝元封五年初置部刺史，[2]掌奉詔條察州，[3]秩六百石，員十三人。成帝綏和元年更名牧，秩二千石。哀帝建平二年復爲刺史，元壽二年復爲牧。[4]

　　[1]【今注】監御史：省稱"郡監""監"，又稱"郡長"。王先謙《漢書補注》曰："紀有秦泗水水監平，《曹參傳》'攻秦監公軍'，《嚴助傳》'秦擊越，使監禄鑿渠通道'，皆監御史也。《南粤傳》有桂林監居翁，亦郡監，沿秦制爲之。亦稱郡長，見《灌嬰傳》。"

　　[2]【今注】元封：漢武帝年號（前 110—前 105）。　部刺史：王鳴盛《十七史商榷》卷一四指出刺史所統轄者，一州中郡國較多，守相二千石皆其屬官，得舉劾，秩僅六百石。治狀卓異，始能擢升守相。俞樾《湖樓筆談》卷四指出漢分天下爲十三部，故有部刺史之名。所謂部者，若唐之言道，宋之言路，元之言行省。陳直《漢書新證》引衛宏《漢舊儀》補證云："武帝元封五年，初分十三州，假印綬，有常治所。奏事各有常會，擇所部二千石卒史與從事，傳食比二千石所傳。"又《居延漢簡釋文》卷一有"刺史治所，且斷冬獄"之紀載。上述兩條，可以證明西漢時刺史有固定治所。

　　[3]【顏注】師古曰：《漢官典職儀》云，刺史班宣，周行郡國，省察治狀，黜陟能否，斷治冤獄，以六條問事，非條所問，即不省。一條，强宗豪右田宅踰制，以强陵弱，以衆暴寡。二條，二千石不幸詔書遵承典制（幸，蔡琪本、大德本、殿本作"奉"），倍公向私，旁詔守利，侵漁百姓，聚斂爲姦。三條，二千石不邮疑獄（邮，殿本作"恤"），風屬殺人，怒則任刑，喜則淫賞，煩擾刻暴，剝截黎元，爲百姓所疾，山崩石裂，訞詳訛

言（訞，蔡琪本誤作"託"；詳，殿本作"祥"）。四條，二千五選署不平（五，大德本、殿本作"石"，是），苟阿所愛，蔽賢寵頑。五條，二千石子弟恃怙榮埶（恃，蔡琪本、大德本、殿本作"怙"，是），請託所監。六條，二千石違公下比，阿附豪强，通行貨賂，割損正令也。【今注】案，王鳴盛《十七史商榷》卷一四以爲，顏師古引應劭《漢官儀》僅一條察强宗豪右，其五條皆察二千石。而歷考諸傳中，凡居此官者率以督察藩國爲事。又陳直《漢書新證》引應劭《漢官儀》云："元帝時丞相于定國，條奏州吏員，有治中、別駕、諸部從事，秩皆百石，同諸郡從事。"以爲"此州刺史屬吏之可考者"。

[4]【今注】周壽昌《漢書注校補》曰：本書卷六六《陳萬年傳》："子咸爲御史中丞，總領州郡奏事，課第諸刺史"，本書卷八三《薛宣傳》："成帝初爲中丞，執法殿中，外總部刺史"，是其時雖省監御史，而察州之制仍歸御史中丞。本書卷七六《韓延壽傳》載蕭望之"遣御史案東郡"，亦監御史之類。本書卷八三《朱博傳》載博奏云："前丞相方進奏罷刺史，更置州牧，秩真二千石，位次九卿。九卿缺，以高第補。其中材則苟自守而已，恐功效陵夷，姦軌不禁。臣請罷州牧，置刺史如故。"是成、哀兩朝牧、刺史遞改之由。哀帝元壽二年（前1）復爲牧，或即本書卷一一《哀紀》是年正三公官分職、正司直等職事未定、帝崩時。《後漢書·百官志》不載元壽事。

　　郡守，[1]秦官，掌治其郡，秩二千石。[2]有丞，邊郡又有長史，[3]掌兵馬，[4]秩皆六百石。景帝中二年更名太守。[5]郡尉，[6]秦官，掌佐守典武職甲卒，[7]秩比二千石。[8]有丞，秩皆六百石。[9]景帝中二年更名都尉。[10]關都尉，[11]秦官。農都尉、屬國都尉，[12]皆武帝初置。[13]

[1]【今注】郡守：王鳴盛《十七史商榷》卷一四以爲“郡守”別稱“郡吏”。本書卷四九《鼂錯傳》稱郡守爲主郡吏。本書卷六四《嚴助傳》“助爲會稽太守，帝賜書，謂之郡吏”。

[2]【今注】秩二千石：錢大昭《漢書辨疑》據本書卷八九《黃霸傳》載“霸爲潁川太守，秩比二千石；及守京兆尹，秩二千石”，以爲此處“秩”下當有“比”字。王先謙《漢書補注》曰：“《後志》亦作‘二千石’。”周壽昌《漢書注校補》指出漢京兆尹雖與外郡太守同職，而尹職中二千石，太守二千石，其太守加秩則晉中二千石。其尹外遷太守者爲貶，如京兆尹王昌貶爲雁門太守，甄遵貶爲河內太守。左馮翊、右扶風與京兆尹同。三輔屬官與外郡略同。

[3]【今注】邊郡又有長史：王先謙《漢書補注》引《續漢書·百官志》：“丞一人。郡爲邊戍者，丞爲長史。”又西漢內郡、邊郡皆有司馬，屬太守，調遣則屬於都尉；又郡守屬官有候，與邊郡太守都尉之下候官，略有不同，爲本表所不載；又郡屬吏有庫令、督郵、門下掾、決曹掾、集曹掾、議曹掾、五官掾、決曹史、直符史、守邸丞、功曹、主簿、假佐等，俱詳見陳直《漢書新證》。

[4]【今注】掌兵馬：王鳴盛《十七史商榷》卷一四曰：“《酷吏傳》嚴延年爲涿郡太守，趙繡稱爲‘新將’，注：‘新爲郡將也，謂守爲將，以其兼領武事也。’《尹翁歸》《孫寶傳》皆有此稱。”

[5]【今注】更名太守：王先謙《漢書補注》曰：“《王莽傳》改郡太守曰大尹。”又西漢初、中期王國，可自分割各縣，自置郡名。詳見陳直《漢書新證》。

[6]【今注】郡尉：王先謙《漢書補注》指出，郡有時但置都尉，不置太守。吾丘壽王爲東郡都尉，不復置太守，故璽書云“連十餘城之守，任四千石之重”。

[7]【今注】掌佐守典武職甲卒：王先謙《漢書補注》引《續漢書·百官志》：“掌治民，進賢勸功，決訟檢姦。常以春行所主縣，勸民農桑，振救乏絕。秋冬遣無害吏案訊諸囚，平其罪法，論

課殿最。歲盡遣吏上計，並舉孝廉，郡口二十萬舉一人。典兵禁，備盜賊。"

[8]【今注】秩比二千石：周壽昌《漢書注校補》引本書卷九《元紀》："建昭三年夏，令三輔都尉、大郡都尉秩皆二千石"，認為"不得以比二千石概之也"。

[9]【今注】秩皆六百石：王先謙《漢書補注》："都尉與太守多別治，故置丞如太守。"又以為"皆"字衍文。

[10]【今注】都尉：王先謙《漢書補注》曰："《王莽傳》改都尉曰太尉。"又引《續漢書·百官志》"武帝又置三輔都尉各一人，譏出入"。又陳直《漢書新證》以為邊郡都尉有烽燧臺者，則設有候官，或簡稱為候，候官之下有候長，候長之下有燧長。候官、候長之屬吏，有令史、佐、嗇夫等職，敦煌、居延兩木簡，記載均甚詳明。又在烽燧臺之外，如遇有險要地區，設有障、塞，大者曰障，小者曰塞。並置有障尉、塞尉。兩尉之上，皆無令長丞，烽燧臺之候官，月俸錢三千，候長月俸一千二百，燧長九百或六百。塞尉則月俸二千，其身份當低於候官，高於候長，本書卷五九《張湯傳》所云博士狄山居一部，當即障尉。障塞尉與候官、候長系統不同，易於糾纏夾雜，特論其大要如是，候官、障尉等兩官系統，皆直屬於都尉管轄，均為本表所未詳。又都尉府屬吏今可考者有掾、屬、書佐。

[11]【今注】關都尉：王先謙《漢書補注》指出此為函谷關都尉也，又本書《地理志》敦煌、龍勒有陽關、玉門關，皆都尉治，亦關都尉。陳直《漢書新證》指出《封泥考略》卷四有"關都尉印章"，與表文正合。又《漢印文字徵》有"陝豁關長"印。《封泥考略》卷四有"扜關長印""扜關尉印"兩封泥。《續漢書·郡國志》巴郡扜水有扜關，《後漢書》卷一三《公孫述傳》云："東守扜關之日。"李賢注："在今峽州巴山縣西。"又《漢印文字徵》有"函谷關丞"印。又陝西西安市漢城遺址出土有"函谷關印"封泥，則為關都尉官署中公用之印章。綜上所述，關有繫地名

及不繫地名者，關都尉之下，有關長、關尉、關丞。大關分爲左右丞。設關之地，在於扼要，不拘於在郡縣治所。又《居延漢簡釋文》有"關嗇夫""關佐"記載，則爲關吏之可考者。

[12]【今注】農都尉：王先謙《漢書補注》引《續漢書·百官志》："邊郡置農都尉，主屯田殖穀。"陳直《漢書新證》以爲，邊郡都尉，大部分可以兼稱爲農都尉。惟《居延漢簡釋文》載張掖太守所下公牘，張掖農都尉下，有護田校尉，當與農都尉類似之官職，亦爲本表所未載。農都尉設置數量可參見汪三同《論十一農都尉》（《發展》2010年第9期）及李炳泉《兩漢農都尉的設置數額及其隸屬關係》（《中國邊疆史地研究》2005年第2期）。 屬國都尉：西漢武帝後置屬國於西北邊郡，安置內附少數族，設都尉主之，掌民政軍事，兼負戍衞邊塞之責。秩比二千石。

[13]【今注】武帝初置：周壽昌《漢書注校補》據本書卷六《武紀》："元狩二年，置五屬國，以其地爲武威、酒泉郡"，以爲自此邊塞皆設都尉。如隴西屬之南部都尉，酒泉屬之北部都尉、東部都尉、西部都尉，敦煌屬之中部都尉、宜禾都尉及本書卷九〇《田廣明傳》之受降都尉，皆屬國都尉也。

縣令、長，皆秦官，掌治其縣。萬戶以上爲令，秩千石至六百石。減萬戶爲長，秩五百石至三百石。[1]皆有丞、尉，[2]秩四百石至二百石，是爲長吏。[3]百石以下有斗食、佐史之秩，[4]是爲少吏。[5]大率十里一亭，亭有長。[6]十亭一鄉，鄉有三老、有秩、嗇夫、游徼。[7]三老掌教化。[8]嗇夫職聽訟，收賦稅。[9]游徼徼循禁賊盜。縣大率方百里，其民稠則減，稀則曠，鄉、亭亦如之，皆秦制也。列侯所食縣曰國，皇太后、皇后、公主所食曰邑，[10]有蠻夷曰道。凡縣、道、國、邑千五百八十七，[11]鄉六千六百二十二，亭二萬九千六百三十五。

[1]【今注】案，錢大昭《漢書辨疑》引衞宏《漢舊儀》云："縣，户口滿萬置六百石令，多者千石；户不滿萬置四百石、三百石長。縣令、長，黃綬，皆大冠。亡新令、長爲宰，皆小冠。"王先謙《漢書補注》引《續漢書・百官志》稍有不同："每縣、邑、道，大者置令一人，千石；其次置長，四百石；小者置長，三百石。"引應劭《漢官儀》云："三邊始孝武皇帝所開，縣户數百而或爲令。荆、揚江南七郡，惟有臨湘、南昌、吳三令爾。南陽壤中，土沃民稠，四五萬户而爲長。"又《續漢書・百官志》云："縣萬户以上爲令，不滿爲長。侯國爲相。皆秦制也"，王氏以爲漢世遵用，略有改易。

[2]【今注】皆有丞尉：錢大昭《漢書辨疑》引《隸釋》載應劭説："大縣有丞、左右尉，所謂命卿三人。小縣一丞一尉者，命卿二人。"以爲"漢刻'武開明終吳郡府丞'，而《武榮碑》稱爲'吳郡府卿'；《綿竹江堰碑》稱'縣丞犍爲王卿'；《隸續・平鄉道碑》云'丞汁邡王卿，尉縣竹楊卿'；丞、尉皆稱卿，與應説合。今漢石刻有《祝其卿墳壇》《上谷府卿墳壇》，皆縣府丞也。"王先謙《漢書補注》引《續漢書・百官志》："丞各一人。尉，大縣二人，小縣一人。丞署文書，典知倉獄。尉主盜賊。"陳直《漢書新證》指出西漢縣令長，僅有一丞，惟長安令有左右丞。《居延漢簡釋文》云："九月辛卯長安令（簡面）印曰長安右丞（簡背）。"又有簡文云："十一月壬子長安令，守左丞起移過☐"長安設左右丞，或爲特例。又縣令長屬吏今可考者，有五官掾，見建平郫縣石刻，原文可見《古刻叢鈔》。市吏，見本書卷七六《尹翁歸傳》。獄吏、決曹史，見本書卷九〇《王溫舒傳》。獄掾、決曹掾、門下掾，見本書卷八三《薛宣傳》。邊郡則有塞曹史，見居延木簡。又漢代官

吏所用印章，有公用者，有專用者。如漢封泥縣令長中有某縣之印，疑爲縣令長丞尉所公用者，在某種公牘中適宜於用之。又如某某長印、某某丞印，是專用者，在某種公牘中適宜於用之。不獨縣令長爲然，在九卿屬官令丞中，此例亦多。

[3]【顏注】師古曰：吏，理也，主理其縣内也。

[4]【顏注】師古曰：《漢官名秩簿》云，斗食月奉十一斛（奉，殿本作"俸"，下同不注），佐史月俸八斛也。一說，斗食者，歲奉不滿百石，計日而食一斗二升，故云斗食也。【今注】斗食：《續漢書·百官志》："斗食奉"，劉昭注引蕭該《漢書音義》云："斗食禄，日以斗爲計。"

[5]【今注】少吏：陳直《漢書新證》指出《十鐘山房印舉》有"史印""史左"半通式印，當爲佐史所用，而漢印中之"少内"亦可能爲斗食、佐、史等所通用者。又斗食吏月俸九百，佐史月俸九百，書佐月俸三百六十，令史月俸四百八十，均見《居延漢簡釋文》。佐史爲一官之名，書佐亦可簡稱爲佐，令史亦可簡稱爲史，據居延簡所記斗食月俸與佐史相等，高於書佐、令史，完全與本表所叙次第相同。周壽昌《漢書注校補》以爲，除長吏、少吏外，孝弟、力田皆宜有；而表中無，或因人而置，無則可省也。陳直《漢書新證》以爲漢代各縣往往設有徒丞，是管理徒隸的，其事實不見於文獻，僅見於漢印，又各縣又多有馬丞印，疑爲武帝時郡國養馬官吏所用，又西漢各縣有因當地情形需要，在原有丞尉之外而加添丞尉者。

[6]【今注】亭有長：王先謙《漢書補注》引《續漢書·百官志》："亭有亭長，以禁盜賊。本注：亭長，主求捕盜賊，承望都尉"，劉昭注引應劭《漢官儀》云："民年二十三爲正，一歲以爲衛士，一歲爲材官騎士，年五十六老衰，乃得免爲民就田。應合選爲亭長。"又應劭《風俗通》云："亭吏舊名負弩，改爲長，或謂亭父。"

[7]【今注】十亭一鄉：陳直《漢書新證》以爲，西漢初中期各縣最重都鄉、都亭制度，都鄉爲各鄉之首，都亭爲各亭之首。三老：錢大昭《漢書辨疑》引本書卷一《高紀上》：漢二年（前205）"舉民年五十以上，有修行，能率衆爲善，置爲三老，鄉一人。擇鄉三老一人爲縣三老，與縣令、丞、尉以事相教，復勿縣戍"。　有秩：錢大昭《漢書辨疑》引方回《續古今考》云："周顯王十二年，秦初置有秩史。商鞅既廢井田，比閭鄰里之制亦壞，故置有秩史以董之。"王先謙《漢書補注》引《續漢書·百官志》："有秩百石，掌一鄉人"，劉昭注引《漢官》云"鄉户五千則置有秩"，見《倉頡廟》《殽坑君神祠》諸碑。　嗇夫：王先謙《漢書補注》引《續漢書·百官志》："其鄉小者，縣置嗇夫一人。"漢簡所見"嗇夫"及"有秩"可參見陳松梅《漢簡所見漢代的"嗇夫"》（《甘肅政法成人教育學院學報》2007年第6期）、郭天祥《漢代鄉官"有秩""嗇夫"補論》（《唐都學刊》2009年第5期）、惠翔宇、黃遠東《漢代"有秩"與"嗇夫"關係考辨》（《常熟理工學院學報》2012年第1期）、魯普平《南、北嗇夫考》（《寧夏社會科學》2016年第1期）。

[8]【今注】案，錢大昭《漢書辨疑》引方回《續古今考》卷一二云："假如縣方百里，則爲方十里者十。十亭一鄉，當有十鄉。鄉三老十人，各掌一鄉之教化。縣三老當掌縣城中之教化，且兼十鄉之事與？"王先謙《漢書補注》引《續漢書·百官志》："凡有孝子順孫，貞女義婦，讓財救患，及學士爲民法式者，皆爲表其門，以興善行。"

[9]【今注】案，錢大昭《漢書辨疑》指出鄉户不滿五千者，不置有秩，但以嗇夫一人總理之。表不言有秩所掌，與嗇夫同。王先謙《漢書補注》引《續漢書·百官志》："皆主知民善惡，爲役先後，知民貧富，爲賦多少，平其差品。"

[10]【今注】皇太后：王念孫《讀書雜志·漢書第三》以爲"皇太后"三字，後人以意加之。不言"皇太后"者，言后與公主

則太后可知。王國維《齊魯封泥集存序》："《漢表》稱列侯所食縣曰國，皇太后皇后公主所食曰邑。今此編中邑丞封泥凡二十有八，除琅邪爲魯元公主所食邑外，餘皆列侯食邑，唯載國大行一印乃稱國耳。"

[11]【今注】案，錢大昕《廿二史考異·漢書一》引本書《地理志》云："縣邑千三百一十四，道三十二，侯國二百四十一"，以爲恰合千五百八十七之數，"然以每郡國所領縣計之，止千有五百七十八；蓋史文有脫漏也"。

凡吏秩比二千石以上，皆銀印青綬，[1]光禄大夫無。[2]秩比六百石以上，皆銅印黑綬，大夫、博士、御史、謁者、郎無。[3]其僕射、御史治書尚符璽者，有印綬。比二百石以上，皆銅印黄綬。[4]成帝陽朔二年除八百石、五百石秩。綏和元年，長、相皆黑綬。哀帝建平二年，復黄綬。吏員自佐史至丞相，十三萬二百八十五人。

[1]【顏注】師古曰：《漢舊儀》云"銀印皆龜鈕（鈕，蔡琪本、大德本、殿本作'鈕'；皆，蔡琪本、殿本作'背'），其文曰章"，謂刻曰"某官之章"也。【今注】案，錢大昭《漢書辨疑》指出漢制，天子、諸侯王皆爲璽，三公、列侯以下俱稱印。天子玉璽，諸侯王金璽，惟太師、人傅、太保、丞相、太尉、列將軍、列侯皆用金印。而御史大夫不同，漢成帝更名大司空，始用金印。其他或銀或銅。王鳴盛《十七史商榷》卷一〇以爲，二千石文曰章，比六百石以上曰印。陳直《漢書新證》以爲，以現時出土漢印證之，漢代不用純金印，最多用塗金印，御史大夫章陝西西安市漢城遺址曾出一方，係銅質並非銀質。至於二千石以上之卿官，如

奉常、太僕、衛尉、大鴻臚、大司農、水衡都尉、長水校尉、京兆尹等，皆出過銅印，並非銀質，亦不塗銀。本表所云可能爲漢初制度，後來鑄印不一定遵照制度。

[2]【顏注】師古曰：無印綬。

[3]【顏注】師古曰：大夫以下亦無印綬。

[4]【顏注】師古曰：《漢舊儀》云“六百石、四百石至二百石以上皆銅印鼻鈕，文曰印”，謂鈕但作鼻，不爲蟲獸之形，而刻文云“某官之印”。【今注】案，沈欽韓《漢書疏證》引衞宏《漢舊儀》：“皇太子黃金印，龜鈕，印文曰章。下至二百石皆爲通官印”，以爲二百石以上，印皆取方，曰通官印。百石以下半方，曰半通。今可考見漢印及封泥，見趙平安《秦西漢印章研究》附錄四《秦西漢官印一覽表》、附錄五《秦西漢封泥官印一覽表》（上海古籍出版社 2012 年版）。

漢書　卷一九下

百官公卿表第七下[1]

相國	丞相	大司徒	大師	大傅	大保
	太尉		大司馬		
	御史大夫		大司空		
	列將軍[2]				
	奉常		大常		
	郎中令		光禄勳		
	衞尉		中大夫令		
	太僕				
	廷尉		大理		
	典客	大行令	大鴻臚		
	宗正	治粟内史	大司農		
		中尉執金吾	少府		
	水衡都尉		主爵都尉	右扶風	
左内史		左馮翊	右内史	京兆尹	

高帝元年	二	三
沛相蕭何爲丞相。[3]		
	[9]	
内史周苛爲御史大夫,[4]守滎陽,[5]三年死。	[10]	
滕令夏侯嬰爲太僕。[6]		
執盾襄爲治粟内史。[7]		
職志周昌爲中尉,三年遷。[8]	[11]	
内史周苛遷。		

四	五	六
	太尉盧綰，[13]後九月爲燕王。	
中尉周昌爲御史大夫，六年徙爲趙丞相。[12]		
	[14]	
	郎中令王恬啓。[15]	
		將軍酈商爲衛尉。[20]
		汲侯公上不害爲太僕。[21]
	廷尉義渠。	
	廣平侯薛歐爲典客。[16]	
	軍正陽咸延爲少府，[17]二十一年卒。中尉丙猜。[18]	
	殷内史杜恬。[19]	

七	八	九	十
		丞相何遷爲相國。[23]	
			符璽御史趙堯爲御史大夫,[24] 十年免。
博士叔孫通爲奉常,[22] 三年徙爲太子太傅。			
			中地守宣義爲廷尉。[25]

十一	十二	孝惠元年
絳侯周勃爲太尉，[26]後官省。		
[27]		
	太子太傅叔孫通復爲奉常。	
	[30]	
衞尉王氏。[28]		營陵侯劉澤爲衞尉。[31]
	廷尉育	
中尉戚鰓。[29]		

二	三	四	五
七月辛未，相國何薨。七月癸巳，齊相曹參爲相國。[32]			八月己丑，相國參薨。
	長脩侯杜恬爲廷尉。[33]		

六	七
十月己丑，安國侯王陵爲右丞相，[34]曲逆侯陳平爲左丞相。	
絳侯周勃復爲太尉，十年遷。	
	奉常免。[36]
士軍侯宣義爲廷尉。[35]	
	辟陽侯審食其爲典客，[37]一年遷。

高后元年	二	三
十一月甲子，右丞相陵爲太傅，左丞相平爲右丞相，典客審食其爲左丞相。		
上黨守任敖爲御史大夫，[38]三年免。		
	上邳侯劉郢客爲宗正，[39]七年爲楚王。	

四	五	六	七
			七月辛巳，左丞相食其爲太傅。
平陽侯曹窋爲御史大夫，[40]五年免。			
			奉常根。
			廷尉圍。
			典客劉揭。[41]

八	孝文元年
九月丙戌，復爲丞相，後九月免。[42]	十月辛亥，右丞相平爲左丞相，太尉周勃爲右丞相，八月辛未免。
	人中大夫薄昭爲車騎將軍。[45]代中尉宋昌爲衛將軍[46]
淮南丞相張蒼爲御史大夫，[43]四年遷。	
	[47]
[44]	郎中令張武。[48]
	河南守吳公爲廷尉。[49]

二	三
十月，丞相平薨。十一月乙亥，絳侯勃復爲丞相。	十二月，[51] 丞相勃免。乙亥，太尉灌嬰爲丞相。
	[52]
奉常饒。	
衞尉足。[50]	
	中郎將張釋之爲廷尉。[53]
	典客馬敬，四年遷。[54]

四	五	六	七
十二月乙巳，丞相嬰薨。正月甲午，御史大夫張蒼爲丞相。[55]			
			典客馮敬爲御史大夫。[56]
御史人犬圍。			
			典客靚。[57]

八	九	十	十一	十二
				王常昌閏。[58]
太僕嬰薨。				
		廷尉昌。廷尉嘉。		

十三	十四	十五	十六
			淮陽守申屠嘉爲御史大夫，[62]二年遷。
	[59]		
		廷尉宜昌。[61]	
	中尉周舍。		
	内史董赤。[60]		

後元年	二		三	四	五	六
	八月戊戌，丞相倉免。[64]庚午，御史大夫申屠嘉爲丞相。					
	八月庚午，開封侯陶青爲御史大夫，[65]七年遷。					
						[66]
廷尉信。[63]						

七	孝景元年	二
		六月丞相嘉薨。八月丁未，御史大夫陶青爲丞相。
		八月丁巳，左内史朝錯爲御史大大。[72]
奉常信。		奉常斿。
	大中大夫周仁爲郎中令，[67]十三年老病免，食二千石禄。	
	廷尉歐。[68]	
	平陸侯劉禮爲宗正，[69]二年爲楚王。	
	中尉嘉。[70]	
	中大夫朝錯爲左内史，[71]一年遷。	

三	四
中尉周亞夫爲太尉，五年遷，官省。	
正月壬子，錯有罪要斬。	御史大夫介。
故詹事竇嬰爲大將軍。[73]	
故吳相爰盎爲奉常。[74]奉常殷。[75]	南皮侯竇彭祖爲奉常。[78]
廷尉勝。	
德侯劉通爲宗正，[76]三年薨。	
河間大傅衞綰爲中尉，[77]四年賜告，後爲大子大傅。	

五	六	七
		六月乙巳，丞相青免。太尉周亞夫爲丞相。
		太僕劉舍爲御史大夫，三年遷。[81]
安丘侯張歐爲奉常。[79]		鄿侯蕭勝爲奉常。[82]
姚丘侯劉舍爲太僕。[80]		
		濟南太守郅都爲中尉，[83]三年免。

中元年	二	三	四	五
		九月戊戌，丞相亞夫免。御史大夫劉舍爲丞相。		
		太子太傅衞綰爲御史大夫，四年遷。		
		袁棗侯乘昌爲奉常。[85]		軑侯吳利爲奉常。[86]
廷尉福。				
	中尉[84]			少府神。[87]
				主爵都尉不疑。[88]

六	後元年	二
	七月丙午，丞相舍死。[90] 八月壬辰，御史大夫衞綰爲丞相。	
	八月壬辰，衞尉直不疑爲御史大夫，三年死。[91]	
奉常利更爲太常。		
	郎中令賀。	
中大夫令直不疑更爲衞尉。		
廷尉瑕更爲大理。		
		大農令惠。
齊西都尉寗成爲中尉，[89]四年遷。		中尉廣意。[92]
		主爵都尉奴。

三	孝武建元元年
	六月，丞相綰免。後丙寅，[95]魏其侯竇嬰爲丞相。
	武安侯田蚡爲太尉。[96]
	齊相牛抵爲御史大夫。[97]
柏至侯許昌爲太常，[93]二年遷。[94]	
	郎中令王臧，[98]一年有辠自殺。[99]
	淮南太守灌夫爲太僕，[100]二年爲燕相。[101]
	大行令光。
	中尉張歐，九年遷。
	中尉甯成爲内史，下獄論。内史印。[102]

二	三
十月丞相嬰免。三月乙未，太常許昌爲丞相。	
太尉蚡免，官省。	
御史大夫趙綰，[103] 有辠自殺。[104]	
南陵侯趙周爲太常，[105] 四年免。	
郎中令石建，[106] 六年卒。[107]	
大理信。	
大行令過期。	
	北地都尉韓安國爲大農令，[109] 三年遷。
内史石慶。[108]	内史石徧。

四	五	六
		六月癸巳，丞相昌免，武安侯田蚡爲丞相。
武强侯嚴青翟爲御史大夫，[110]二年，坐竇太后喪不辨免。		大農令韓安國名御史大夫，四年病免。
		太常定。
		太僕賀，[115]，三十三年。[116]
廷尉遷。廷尉廷。[111]	廷尉武。	廷尉殷。
	大行令王恢。[114]	
		大農令殷。
		東海太守汲黯爲主爵都尉，十一年徙。[117]
江都相鄭當時爲右内史，[112]五年貶爲詹事。[113]		

元光元年	二	三	四
			三月乙卯，丞相蚡薨。五月丁巳，平棘侯薛澤爲丞相。
			九月，中尉張歐爲御史大夫，五年老病免，食上大夫禄。
太常王臧。			宣平侯張歐爲太常。[119]
隴西太守李廣爲衛尉。[118]			
	内史充。		

五	六	元朔元年
	太常司馬當時。	
	中尉韓安國爲衛尉，二年爲將軍。	
廷尉翟公。[120]		
	大行令丘。	
詹事鄭當時爲大農令，十一年免。		
故御史大夫韓安國爲中尉，一年遷。	中大夫趙禹爲中尉。[123]	
右內史番係。[121]博士公孫弘爲左內史，[122]四年遷。		

二	三	四
	左内史公孫弘爲御史大夫，二年遷。	
蓼侯孔臧爲太常，[124]三年坐南陵橋壞衣冠道絶免。[125]		
	衞尉蘇建。[126]	
	中大夫張湯爲廷尉，[127]五年遷。	
		宗正劉棄。[131]
	少府孟賁。[128]中尉李息。[129]	少府産。
	左内史李沮，四年爲將軍。[130]	右内史賈。[132]

五	六	元狩元年
十一月乙丑，丞相澤免。御史大夫公孫弘爲丞相。		
四月丁未，河東太守九江番係爲御史大夫。[133]		樂安侯李蔡爲御史大夫，一年遷。
[134]		
山陽侯張當居爲太常，[135]坐選子弟不以實免。[136]	繩侯周平爲太常，四年坐不繕園陵免。	
	右北平太守李廣爲郎中令，[139]五年免。	
		大行令李息。
		宗正劉受。[141]
中尉趙禹爲少府。中尉殷容。[137]		中尉司馬安。[142]
主爵都尉李蔡。[138]	[140]	會稽太守朱買臣爲主爵都尉。[143]
主爵都尉汲黯爲右內史，五年免。		左內史敵。

二	三
三月戊寅，丞相弘薨。壬辰，御史大夫李蔡爲丞相。	
	三月壬辰，廷尉張湯爲御史大夫，六年有罪自殺。[144]
	冠軍侯霍去病爲票騎將軍。[145]
	衛尉張騫。[146]
	廷尉李友。廷尉安。[147] 廷尉禹。[148]
	中尉霸。
	主爵都尉趙食其，[149] 二年爲將軍。

四
大將軍衞青爲大司馬大將軍。票騎將軍霍去病爲大司馬票騎將軍。[150]
戚侯李信成爲太常，二年坐縱丞相李蔡侵道免。[151]
沈猷侯劉受爲宗正，二年坐聽請不具宗室論。大農令顏異，二年坐腹非誅。[152]
河内太守王温舒爲中尉，[153]五年遷。
中尉丞楊僕爲主爵都尉。[154]
定襄太守義縱爲右内史，[155]二年下獄棄市。

五	六
三月取午，[156]丞相蔡有辠自殺。[157]四月乙卯，太子少傅嚴青翟爲丞相。[158]	
	九月，大司馬去病薨。
	俞侯欒賁爲太常，[161]坐犧牲不如令免。
郎中令李敢。[159]	郎中令徐自爲，十三年爲光禄勳。[162]
衞尉充國，三年坐齋不謹棄市。[160]	
廷尉司馬安。	
	大農令王夫。
	右内史正亀。[163]

元鼎元年	二
	二月壬辰，[167]丞相青翟有辠自殺。[168]二月辛亥，太子太傅趙周爲丞相。
	三月辛亥，太子太傅石慶爲御史大夫，三年遷。[169]
蓋侯王信爲太常。[164]	廣安侯任越人爲太常，坐廟酒酸論。[170]
[165]	
廷尉霸。[166]	中郎將張騫爲大行令，[171]三年卒。
	大農令孔僅。[172]
	少府當，四年下獄死。
	水衡都尉張罷。
右内史蘇縱。	

三	四
鄲侯周仲居爲太常，坐不收赤側錢收行錢論。[173]	睢陵侯張廣國爲太常。[175]
中尉王温舒爲廷尉，一年復徙中尉	故少府趙禹爲廷尉，四年以老貶爲燕相。[176]
	宗正劉安國。大農令客。
關都尉尹齊爲中尉，[174]一年抵罪。	廷尉王温舒爲中尉，二年免。
	水衡都尉豹。
	右内史李信成。中大夫兒寬爲左内史，[177]二年遷。[178]

五	六
九月辛巳，丞相周下獄死。丙申，御史大夫石慶爲丞相。	
	齊相卜式爲御史大夫，^[182]一年貶爲太子太傅。
平曲侯周建德爲太常。^[179]陽平侯杜相爲太常，五年坐擅繇大樂令論。^[180]	
衛尉路博德。^[181]	
	大農令張成。^[183]
	少府豹爲中尉。

元封元年	二	三
左内史兒寬爲御史大夫，八年卒。		
	御史中丞杜周爲廷尉，[186]十一年免。	
	故中尉王温舒爲少府，三年徙。[187]	
水衡都尉閻奉。[184]		
即史中丞成宣爲左内史，六年免。[185]		

四	五
	大將軍青薨。
	成安侯韓延年爲太常，[188]二年坐留外國使人月入粟贖論。[189]
鄭侯蕭壽成爲太常，坐犧牲不如令論。	
水衡都尉德遷。	
少府王温舒爲右内史，二年免。	

六	太初元年
	睢陵侯張昌爲太常，二年坐乏祠論。
	郎中令自爲更爲光禄勳。
	大鴻臚壺充國。[190]
少府德有罪自殺。右輔都尉王温舒行中尉事，二年獄族。	中尉。[191]
	故左内史咸宣爲右扶風，三年下獄自殺。
	京兆尹無忌。左馮翊殷周。[192]

二	三
正月戊寅，丞相慶薨。閏月丁丑，大僕公孫賀爲丞相。	
	正月，膠東太守延廣爲御史大夫。[194]
	牧丘侯石德爲太常，[195]三年坐廟性瘦入穀贖論。[196]
侍中公孫敬聲爲太僕，十二年下獄死。	
大鴻臚商丘成，十二年遷。	
少府王偉中尉。[193]	搜粟都尉上官桀爲少府，年老免。[197]

四	天漢元年	二
	濟南太守琅邪王卿爲御史大夫，[198] 二年有罪自殺。	
		新畤侯趙弟爲太常，[200] 五年坐鞫獄不實論。
	大司農桑弘羊，[199] 四年貶爲搜粟都尉。	
		故廷尉杜周爲執金吾，一年遷。

三	四	太始元年
二月，執金吾杜周爲御史大夫，四年卒。		
廷尉吴尊。		廷尉郭居。
		大司農。[203]
	弘農太守沛范方渠中翁爲執金吾。[201]	
	左馮翊韓不害。[202]	

二	三
	三月，光禄大夫河東暴時之公子爲御史大夫，三年下獄自殺。[205]
	容城侯唯塗光爲太常，徙爲安定都尉。[206]
小府充國。[204]	
水衡都尉守。	直指使者江充爲水衡都尉，[207] 五年爲太子所斬。

四	征和元年
江都侯靳石爲太常，四年坐爲謁問囚故太僕敬聲亂尊卑免。	
	廷尉常。
	光禄大夫公孫遺守少府。

二

四月壬申，丞相賀下獄死。[208] 五月丁巳，涿郡太守劉屈氂爲左丞相。[209]

九月大鴻臚商丘成爲御史大夫，四年坐祝詛自殺。[210]

光禄勳韓説少卿爲太子所殺。[211]

廷尉信。

[212]

[213]

京兆尹于巳衍坐大逆誅。

三	四
六月壬寅，丞相屈氂下獄要斬。	六月丁巳，大鴻臚田千秋爲丞相。
	繆侯酈終根爲太常，十一年坐祝詛誅。[216]
	光祿勳有禄。
邘侯李壽爲衞尉，[214] 坐居守擅出長安界使吏殺人下獄死。	
廷尉意。	
高廟郎中田千秋爲大鴻臚，[215] 一年遷。	大鴻臚戴仁坐祝詛誅。淮陽太守田廣明爲鴻臚，[217] 五年遷。
	右輔都尉王訢爲右扶風，九年遷。[218]

後元元年	二
	三月丁卯，侍中奉車都尉霍光爲大司馬大將軍。
	二月乙卯，搜粟都尉桑弘羊爲御史大夫，七年坐謀反誅。
	侍中駙馬都尉金日磾爲車騎將軍，[219]一年薨。太僕上官桀爲左將軍，[220]七年反，誅。
	當塗侯魏不害爲太常，[221]六年坐孝文廟風發瓦免。
守衛尉不害。	守衛尉遺。
	太僕并左將軍。[222]
	執金吾郭廣意免。[223]
京兆尹建坐祝詛要斬。	

孝昭始元元年	二
尚書令張安世爲光禄勳，^[224]六年遷。	
衞尉天水王莽稚叔，^[225]三年遷。	
司隸校尉洛陽李仲季主爲廷尉，^[226]四年坐誣罔下獄棄市。^[227]	
	光禄大夫劉辟彊爲宗正，^[232]數月卒。
執金吾河東馬適建子孟任職，^[228]六年坐殺人下獄自殺。	
水衡都尉呂辟胡，^[229]五年爲雲中太守。^[230]	
青州刺史雋不疑爲京兆尹，五年病免。^[231]	

三	四
	衞尉王莽爲右將軍衞尉，[234] 三年卒。騎都尉上官安爲車騎將軍，[235] 三年反，誅。
	大鴻臚田廣明爲衞尉，[236] 五年遷。
膠西太守齊徐仁中孫爲少府，六年坐縱反者自殺。[233]	

五	六
	轑陽侯江德爲太常，四年坐廟郎夜飲失火免。[239]
軍正齊王平子心爲廷尉，[237]四年坐縱道匿謀反者下獄棄市。[238]	
	大將軍司馬楊敞爲大司農，[240]四年遷。
	守京兆尹樊福。[241]

元鳳元年	二	三
九月庚午，右扶風王訢爲御史大夫，三年遷。		
光禄勳張安世爲右將軍光禄勳，六年遷。		中郎將范明友爲度遼將軍衛尉，[247] 十二年遷。
光禄勳并右將軍。[242]		
		衛尉并將軍。
諫大夫杜延年爲太僕，[243] 十五年免。		
		廷尉夏國。
太中大夫劉德爲宗正，[244] 數月免。		青州刺史劉德爲宗正，二十二年薨。
執金吾壺信。		光禄大夫蔡義爲少府，[248] 三年遷。
中郎將趙充國爲水衡都尉，[245] 六年遷。		
左馮翊賈勝胡，[246] 二年坐縱謀反者棄市。		衛尉田廣明爲左馮翊，四年遷。

四	五
正月甲戌，丞相千秋薨。二月乙丑，御史大夫王訢爲丞相。	十二月庚戌，丞相訢薨。
三月乙丑，^[249]大司農楊敞爲御史大夫，二平遷。^[250]	
蒲侯蘇昌爲太常，^[251]十一年坐籍霍山書泄祕書免。^[252]	
	鉅鹿太守淮陽朱壽少樂爲廷尉，^[254]坐侍中邢元下獄風吏殺元棄市。
	詹事韋賢爲人鴻臚，^[255]四年爲長信少府。
河內太守平原趙彭祖爲大司農，^[253]三年卒。	
	沛國太守李壽爲執金吾。^[256]
京兆尹彭祖。	

六

十一月己丑,[257]御史大夫楊敞爲丞相。

十一月,少府蔡義爲御史大夫,一年遷。

廷尉李光,[258]四年免。

河東太守田延年爲大司農,[259]三年有罪自殺。

便樂成爲少府,[260]四年卒。

右扶風周德。[261]

元平元年

八月己巳，丞相敞薨。九月戊戌，御史大夫蔡義爲丞相。

九月戊戌，左馮翊田廣明爲御史大夫，三年爲祁連將軍。[262]

右將軍安世爲車騎將軍光禄勳，七年遷。水衡都尉趙充國爲後將軍。水衡都尉光禄大夫韓增爲前將軍，十三年遷。[263]

執金吾延壽。[264]

[265]

左馮翊武。[266]

孝宣本始元年	二
	詹事東海宋疇翁壹爲大鴻臚,[268]二年徙。
	河南太守魏相爲大司農,[269]一年遷。
	博士后倉爲少府二年。[270]執金吾辟兵,三年。[271]
守京兆尹廣陵相成。[267]	

三

六月己丑，丞相義薨。甲辰，長信少府韋賢爲丞相。

六月甲辰，大司農魏相爲御史大夫，四年遷。

廷尉李義。

大司農淳于賜。

少府惡。[272]

光禄大夫于定國爲水衡都尉，[273]二年遷。

潁川太守趙廣漢爲京兆尹，[274]六年下獄要斬。

四
山陽太守梁爲大鴻臚。
左馮翊宋疇爲少府，六年坐議鳳皇下彭城未至京師不足美，^[275]貶爲泗水太傅。^[276]
六安相朱山拊爲右扶風，^[277]一年下獄死。
大鴻臚宋疇爲左馮翊，一年遷。左馮翊延，三年免。

地節元年	二
	三月庚午，[278]大司馬光薨。
	侍中中郎將霍禹爲右將軍，[279]一年遷。
水衡都尉光禄大夫于定國爲廷尉，十七年遷。	
	執金吾郱元。
水衡都尉朱輔。爲右扶風博。	潁川太守廣爲右扶風，三年。

三

五月甲申，丞相賢賜金免。六月壬辰，御史大夫魏相爲丞相。

四月戊申，車騎將軍光祿勳張安世爲大司馬車騎將軍，七月戊戌，更爲大司馬衛將軍。右將軍霍禹爲大司馬。七月壬辰，大司

六月辛丑，太子太傅丙吉爲御史大夫，[281]八年遷。

度遼將軍衛尉范明友爲光祿勳，一年坐謀反誅。

大司農輔。

執金吾延年。[282]

左馮翊官。

	四	元康元年
馬禹下獄要斬。[280]		
	弋陽侯任宮爲太常，[283]四年坐人盜茂陵園中物免。	
		北海太守張延壽爲太僕，[288]四年病免。
	北海太守朱邑爲大司農，[284]四年卒。[285]	
		平原太守蕭望之爲少府，[289]一年徙。
	勃海太守龔遂爲水衡都尉。[286]	東海太守尹翁歸爲右扶風，[290]四年卒。
	潁川太守讓爲左馮翊。[287]	守京兆尹彭城太守遺。

二	三	四
		八月丙寅，大司馬安世薨。
		蒲侯蘇昌復爲太常，六年病免。
執金吾廣意。[291]		太中大夫李彊中君守少府，三年遷。[293]
		光禄大夫馮奉世爲水衡都尉，[294]十四年遷。
少府蕭望之爲左馮翊，三年遷。	守京兆尹潁川太守黃霸，[292]數月還故官。	

神爵元年	二
前將軍韓增爲大司馬車騎將軍。	
	後將軍充國。[299]
中郎將楊惲爲諸吏光禄勳,[295]五年免。	
	衞尉忠。
太僕戴長樂,[296]五年免。	
左馮翊蕭望之爲大鴻臚,二年遷。	
大司農王禹,四年遷。	
	南陽太守賢爲執金吾。
廣陵太守陳萬年爲右扶風,[297]五年遷。	
膠東相張敞爲京兆尹,[298]八年免。左馮翊彊,三年免。	

三	四
三月丙午，丞相相薨。四月戊戌，御史大夫丙吉爲丞相。	
二月甲子，[300]大鴻臚蕭望之爲御史大夫，三年貶爲太子太傅。	
	河内太守韋玄成爲衞尉，[303]二年遷。
少府李彊爲大鴻臚。	
光禄大夫梁丘賀爲少府。[301]	
東郡太守韓延壽爲左馮翊，[302]二年下獄棄市。	

五鳳元年	二
	四月己丑，大司馬增薨。五月，强弩將軍許延壽爲大司馬車騎將軍。[304]
	八月壬午，太子太傅黄霸爲御史大夫，一年遷。
	衛尉韋玄成爲太常，二年免。
	衛尉弘。
	右扶風陳萬年爲太僕，五年遷。
大司農王禹爲大鴻臚。	
大司農延。	宗正劉丁。
守左馮翊勃海太守信。	守左馮翊五原太守延壽。[305]

三	四	甘露元年
正月癸卯，丞相吉薨。二月壬申，御史大夫黃霸爲丞相。		
		二月丁巳，大司馬延壽薨。
六月辛酉，西河太守杜延年爲御史大夫，[306]三年以病賜安車駟馬免。		
		蒲侯蘇昌復爲太常，二年病免。
執金吾田聽天，[307]三年遷。[308]		

二	三
	三月己丑，丞相霸薨。五月甲午，御史大夫于定國爲丞相。
五月己丑，廷尉于定國爲御史大夫，二年遷。[309]	五月甲午，太僕陳萬年爲御史大夫，七年卒。
	鴈門太守建平侯杜緩爲太常，[311]七年坐盜賊多免。
	博陽侯丙顯爲太僕，[312]一年爲建章衞尉。
執金吾田聽天爲廷尉，三年遷。	
守左馮翊廣大相充郎。[310]	

四	黄龍元年
	十二月癸酉，侍中樂陵侯史高爲大司馬車騎將軍。[315]
典屬國常憲爲右將軍，[313]四年薨。	太子太傅蕭望之爲前將軍，一年爲光禄勳，二年免。
衞尉順。	
秺侯金賞爲侍中太僕，[314]七年遷。	
中山相加守廷尉。	廷尉解延年。
執金吾平。	
右扶風武。	
京兆尹成。	左馮翊常。

孝元初元元年	二
光禄勳并將軍。[316]	光禄勳賞。[322]
平昌侯王接爲衛尉，[317]五年遷。	
	京兆尹陳遂爲廷尉，二年卒。
大鴻臚顯，十一年。[318]	
散騎諫大夫劉更生爲宗正，[319]二年免。大司農宏。	大司農充郎。
淮陽中尉韋玄成爲少府，三年爲太子太傅。水衡都尉馮奉世爲執金吾，二年遷。	
水衡都尉。[320]	
太原太守陳遂爲京兆尹，[321]一年遷。	京兆尹代郡昌。[323]守左馮翊延免。

三

執金吾馮奉世爲右將軍，三年爲諸吏典屬國，[324] 一年爲光禄勳。[325] 侍中衛尉許嘉爲右將軍，五年遷。[326]

光禄大夫周堪爲光禄勳，[327] 三年貶爲河東太守。

丞相司直南郡李延壽子惠爲執金吾，[328] 九年遷。

淮陽相鄭弘爲右扶風，[329] 四年遷。

四
弋陽侯任千秋長伯爲太常，[330]四年以將軍將兵。三年薨。[331]
廷尉魏郡尹忠子賓，[332]十四年爲諸吏光禄大夫。
少府延，二年免。
京兆尹成。

五

六月辛酉，長信少府貢禹爲御史大夫，[333]十二月丁未卒。丁巳，長信少府薛廣德爲御史大夫，[334]一年以病賜安車駟馬免。

河南太守劉彭祖爲左馮翊，[335]二年遷太子太傅。

永光元年

十一月戊寅，丞相定國賜金，安車駟馬免。

七月癸未，大司馬高賜金，安車駟馬免。九月戊子，侍中衛尉王接爲大司馬車騎將軍。

七月辛亥，太子太傅韋玄成爲御史大夫，一年遷。[336]

太僕金賞爲光禄勳，一年卒。

衛尉雲。

故建章衛尉丙顯爲太僕，十年免。

大司農堯。[337]

侍中中大夫歐陽餘爲少府，[338]五年卒。

二
二月丁酉，御史大夫韋玄成爲丞相。
二月丁酉，右扶風鄭弘爲御史大夫，五年有辠自殺。[339]
光禄大夫非調爲大司農。[340]
右扶風强，五年。
隴西太守馮師王爲左馮翊，[341]五年遷。

三
四月癸未，大司馬接薨。七月壬戌，左將軍衞尉許嘉爲大司馬車騎將軍。
右將軍奉世爲左將軍光禄勳，二年卒。侍中中郎將王商爲右將軍，[342]十一年遷。

四	五	建昭元年
		太子少傅匡衡爲光禄勳，[344]一年遷。
宗正劉臨。		
		尚書令五慶充宗爲少府，[345]五年貶爲玄菟太守。[346]
水衡都尉福。		右扶風。[347]
光禄大夫琅邪張譚仲叔爲京兆尹，[343]四年不勝任免。		

二	三
	六月甲辰，丞相玄成薨。十月癸亥，[350]御史大夫匡衡爲丞相。
八月癸亥，諸吏散騎光禄匡衡爲御史大夫，[348]一年遷。	七月戊辰，衛尉李延壽爲御史大夫，三年卒。一姓繁。[351]
左曹西平侯子永爲光禄勳，[349]十六年遷。	
執金吾李延壽爲衛尉，一年遷。	陽平侯王鳳爲侍中衛尉，[352]三年遷。[353]
左馮翊馮野王爲大鴻臚，五年爲上郡太守。	
左馮翊郭延。	

四	五
中郎將丙禹爲水衡都尉，^[354]五年。	
	京兆尹王昌穉賓，二年轉爲鴈門太守。^[355]

竟寧元年

六月己未，侍中衛尉王鳳爲大司馬大將軍。

三月丙寅，[356] 太子少傅張譚爲御史大夫，[357] 三年坐選舉不實免。

太僕譚。

陽城侯劉慶忌寧君爲宗正，[358] 三年遷。

河南太守召信臣爲少府，二年徙。[359] 中少府安平侯王章子然爲執金吾，[360] 三年遷。[361]

孝成建始元年
騏侯駒普爲太常，[362] 數月薨。
衞尉王罷軍。
常山太守温順子教爲右扶風，[363] 一年遷。
弘農太守朱平次君爲京兆尹。河南太守畢衆爲左馮翊。

二

宗正劉慶忌爲太常，五年病免。

執金吾王章爲太僕，五年病免。[364]

蜀郡太守何壽爲廷尉，[365]四年徙。

大鴻臚浩賞，二年徙。[366]

右扶風温順爲少府，三年坐買公田與近臣下獄論。[367]弋陽侯任千秋長伯爲執金吾，一年遷。

水衡都尉爵。太原太守讓爲右扶風。

河東太守杜陵甄尊少公爲京兆尹，二年貶爲河南太守。[368]

三

十二月丁丑，丞相衡免。

八月癸丑，大司馬嘉賜金免。

十月乙卯，諸吏左曹光祿大夫尹忠爲御史大夫，一年坐河決自殺。

右將軍王商爲左將軍，一年遷。執金吾千秋爲右將軍，一年遷。

宗正劉通。[369]

[370]

南陽太守王昌爲右扶風，三年免。

四
三月甲申，右將軍主商爲丞相。[371]
十一月壬戌，少府張忠爲御史大夫，[372] 六年卒。
右將軍千秋爲左將軍，三年薨。長樂衞尉史丹爲右將軍，三年遷。[373]
河南太守漢爲大鴻臚，一年免。
東平相鉅鹿張忠子贛爲少府，[374] 十一月遷。
守京輔都尉王遵爲京兆尹，[375] 二年免。大鴻臚浩賞爲左馮翊，九月減死罪一等論。

河平元年
衛尉王玄中都。[376]
千乘太守東萊劉順爲宗正，[377]四年坐使合陽侯舉子免。[378]
司隸校尉王駿爲少府，[379]七年徙。執金吾輔。
水衡都尉王勳。
杜陵韓勳長賓爲左馮翊，三年爲少府。

二

北海太守安成范延壽子路爲廷尉，[380] 八年卒。

廷尉何壽爲大司農。

漢中太守平原王賞少公爲右扶風，[381] 三年免。

楚相齊宋登爲京兆尹，[382] 三年貶爲東萊都尉，未發，坐漏泄省中語下獄自殺。

三

右將軍丹爲左將軍，三年薨。[383] 太僕王章爲右將軍。

宜春侯王咸長伯爲太常，[384] 一年病免。平昌侯王臨爲太常，[385] 六年薨。

侍中中郎將王音爲太僕，[386] 三年遷。

右曹光禄大夫辛慶忌爲執金吾，[387] 四年貶爲雲中太守。

光禄大夫武爲左馮翊。

四
四月壬寅，丞相商免。六月丙午，諸吏散騎光禄大夫張禹爲丞相。[388]
大夫韋安世爲大鴻臚，[389]二年爲長樂衞尉。[390]
侍中奉車都尉金敞爲水衡都尉，[391]一年遷。
司隸校尉王章爲京兆尹，一年下獄死。

陽朔元年
侍中水衡都尉金敞爲衞尉，四年卒。
常山太守劉武成爲宗正，四年卒。
水衡都尉順。河內太守甄尊爲右扶風，三年遷。
弘農太守平陵逢信少子爲京兆尹，[392]三年遷陳留太守。薛宣爲左馮翊，二年遷。[393]

二	三
	八月丁巳，大司馬鳳薨。九月甲子，御史大夫王音爲大司馬車騎將軍。
四月癸卯，侍中太僕王音爲御史大夫，一年遷。	十一月丁卯，諸吏散騎光禄勳于永爲御史大夫，[395] 二年卒。
	右將軍王章爲光禄勳，數月薨。
史柱國衛公爲太僕。[394]	右扶風甄尊爲太僕。
大鴻臚勳。	
	護西域騎都尉韓立子淵爲執金吾，五年坐選舉不實免。
	左曹水衡都尉河内苟參威神。[396]

四
雲中太守辛慶忌爲光禄勳，四年遷。[397]
京兆尹逢信爲太僕，六年遷。
左馮翊薛宣爲少府，二月遷。
水衡都尉禹。太原太守淳于信中君爲右扶風。[398]
少府王駿爲京兆尹，一年遷。

鴻嘉元年

三月庚戌，丞相禹賜金，安車駟馬免。四月庚辰，御史大夫薛宣爲丞相。

正月癸巳，少府薛宣爲御史大夫。四月庚辰，京兆尹王駿爲御史大夫，五年卒。

光禄勳辛慶忌爲右將車。

平臺侯史中爲太常，六月病免。建平侯杜業君都爲太常，[399]七年免。

陽平侯王襄爲衛尉，[400]五年徙。

大鴻臚慎。

千乘令劉慶忌爲宗正，[401]六月坐平都公主殺子貶爲遼東太守。[402]

東都太守琅邪王賞中子爲少府，四年免。[403]

太原太守河内鄧義子華爲京兆尹，一年爲鉅鹿太守。廬江太守趙增壽稺公爲左馮翊，[404]二年遷。[405]

二

左馮翊趙增壽爲廷尉，五年貶爲常山都尉。

隴西太守劉威子然爲京兆尹，一年卒。泗水相茂陵滿黔子橋爲左馮翊，四年貶爲漢中都尉。

三	四	永始元年
右將軍慶忌爲光禄勳，四年遷。光禄勳并將軍。[406]		
	中少府韓勳爲執金吾，四年遷。[409]	南陽太守陳咸爲少府，[410]二年免。
張掖太守牛商子夏爲右扶風，[407]四年免。		水衡都尉淳于長，[411]三年免。[412]
都尉丞相司直翟方進爲京兆尹，[408]三年遷。		

二
十月己丑，丞相宣免。十一月壬子，執金吾翟方進爲丞相。
正月乙巳，大司馬音薨。二月丁酉，特進成都侯王商爲大司馬衛將軍。[413]
三月丁酉，京兆尹翟方進爲御史大夫，八月貶爲執金吾。[414] 十一月壬子，諸吏散騎光禄勳孔光爲御史大夫，[415] 七年貶爲廷尉。
諸吏散騎光禄大夫孔光爲光禄勳，九月遷。執金吾韓勳爲光禄勳，六月遷。
太僕逢信爲衛尉，二年免。
衛尉王襄爲太僕，[416] 三年病免。
長信少府平當爲大鴻臚，[417] 三年遷。
御史大夫翟方進爲執金吾，一月遷。
信都太守長安宗正子泄爲京兆尹，[418] 二年貶爲河南太守。琅邪太守朱博爲左馮翊，[419] 一年遷。

三

右將軍辛慶忌爲左將軍，三年卒。光禄勳韓勳爲右將軍，一年卒。

少府師丹爲光禄勳，[420]二年遷侍中光禄大夫。

琅邪太守陳慶君卿爲廷尉，[421]一年爲長信少府。

朔方太守劉它人爲宗正。[422]左馮翊朱博爲大司農，一年爲犍爲太守。[423]

光禄大夫師丹爲少府，五月遷。詹事許商爲少府，[424]二年爲侍中光禄大夫。金城太守廉襃子上爲執金吾，[425]一年遷。

東平太傅彭宣爲右扶風，[426]一年遷。

河内太守杜陵龐真稺孫爲左馮翊，[427]三年遷。

四
十一月庚申，大司馬商賜金，安車駟馬免。
執金吾廉褒爲右將軍，五年免。
酇侯蕭尊爲太常，六年薨。
侍中水衡都尉淳于長爲衛尉，三年免。
右扶風彭宣爲廷尉，三年以王國人爲太原太守。
會稽太守沛劉交游君爲宗正，十年。汝南太守嚴訢子慶爲大司農，[428] 三年卒。
護羌校尉尹岑子河爲執金吾，[429] 一年遷。
光禄大夫潁川師臨子威爲水衡都尉，八月遷。水衡都尉臨爲右扶風，三年爲沛郡都尉。
司隸校尉何武爲京兆尹，一年貶爲楚內史。

元延元年
正月壬戌，成都侯商復爲大司馬衞將軍，十二月乙未遷爲大司馬大將軍，辛亥薨。庚申，光禄勳王根爲大司馬票騎將軍。[430]
執金吾尹岑爲右將軍，[431]二年薨。
大鴻臚平當爲光禄勳，七月坐前議昌陵貶爲鉅鹿太守。曲陽侯王根爲光禄勳，一月遷。[432]
護軍都尉甄舜子節爲太僕。東萊太守平陵范隆偉公爲太僕，二年免。
左馮翊龐真爲少府，四年遷。廣漢太守趙護子夏爲執金吾。
侍中光禄大夫趙彪大伯爲侍中水衡都尉，三年卒。[433]
廣陵太守王建爲京兆尹。河南太守徐讓子張爲左馮翊，四年免。

二	三
	廷尉朱博爲後將軍，一年免。
樂昌侯王安惠公爲光禄勳，數月病免。[434]	尚書僕射趙玄少平爲光禄勳，二年爲太子太傅。
	護軍都尉任宏偉公爲太僕，[437]二年徙。
光禄大夫朱博爲廷尉，一年遷。	沛郡太守何武爲廷尉，二年遷。
太山太守蕭育守大鴻臚，[435]數月徙。	九江太守王嘉爲大鴻臚，[438]三年遷。
	大司農堯。
	水衡都尉南陽王超驕軍，三年坐淳于長自殺。守鴻臚太山太守蕭育爲右扶風，三年免。
廣陵太守孫寶爲京兆尹，一年免。[436]	

四	綏和元年
	四月丁丑，大司馬票騎將軍根更爲大司馬，[441]七月甲寅賜金，[442]安車駟馬免。十一月丙寅，
	三月戊午，廷尉何武爲御史大夫，四月乙卯爲大司空，一年免。
	廷尉孔光爲左將軍，一年遷。執金吾王咸爲右將軍，一年遷。
	侍中光禄大夫師丹爲諸吏散騎光禄勳，十一月爲太子太傅。大司農許商爲光禄勳，四月遷。
	成陽侯趙訢君偉爲衛尉，六月。侍中光禄大夫司農趙玄爲衛尉，[443]一月爲中少府。
	駙馬都尉王舜爲太僕，[444]二年病免。
	御史大夫孔光爲廷尉，九月遷。少府龐真爲廷尉，二年爲長信少府。
	侍中光禄大夫許商爲大司農，數月遷。太原太守彭宣爲大司農，一年遷。
北地太守谷永爲大司農，[439]一年免。	詹事平陵賈延初卿爲少府，三年。太僕宏爲執金吾，十一月貶爲代郡太守。光禄大夫
	京兆都尉甄豐長伯爲水衡都尉，[446]二年爲泗水相。
[440]	長信少府薛宣爲京兆尹，[447]一年貶爲淮陽相。丞相司直琅邪遂義子贛爲左馮翊，坐選舉免。

	一
	二月壬子，丞相方進薨。三月丙戌，左將軍孔光爲丞相。
侍中騎都尉光禄大夫王莽爲大司馬。	十一月丁卯，[448]大司馬莽賜金，安車駟馬免。庚午，左將軍師丹爲大司馬，
	十月癸酉，大司馬丹爲大司空，一年免。
	右將軍干咸爲左將軍，十月免。[449]衛尉傅喜爲右將軍，[450]十一月賜金
	安立侯劉常爲太常，四年病，賜金百斤，安車駟馬免就國。
	大司農彭宣爲光禄勳，六月遷。衛尉王能爲侍中光禄勳，[451]二年貶爲
	太子中庶子傅喜稺游爲衛尉，二月遷。侍中光禄大夫王龔子郎爲衛尉，
	執金吾謝堯爲大鴻臚，三年徙。
	大司農河東梁相子夏，一年遷。
王臧幼公爲執金吾，[445]二月遷，南陽謝堯長平一年遷。	光禄大夫鉅鹿閭宗君蘭爲執金吾，[455]六年卒。[456]執金吾河内孫雲子叔，三
	故太僕范隆爲右扶風，八月爲冀州牧。大司馬嘉次君爲右扶風，[457]一年
	光禄大夫朱博爲京兆尹，數月遷。光禄大夫邴漢游君爲京兆尹，[458]數月

	孝哀建平元年
四月徙。	四月丁酉，侍中光禄大夫博喜爲大司馬。[459]
	十月壬午，京兆尹朱博爲大司空。
罷。太子太傅師丹爲左將軍，五月遷。光禄勳彭宣爲右將軍，二年遷。	右將軍彭宣爲左將軍，一年坐與淮陽王婚免。[460]
弘農，[452]坐呂寬自殺。[453]	
二月遷。城門校尉丁望爲衛尉，[454]三年遷。	
	大司農梁相爲廷尉，二年貶爲東海都尉。[461]
	大司農左咸，[462]二年徙。
年遷。	
免。	
病，爲中大夫。大鴻臚王嘉爲京兆尹，二年遷。	司隸校尉東海方賞君賓爲左馮翊，二年遷。

四月乙未，丞相光免。御史大夫朱博爲丞相，八月甲戌有皋自殺。十二月甲寅，御史大夫平當爲丞相。

三月丁丑，大司馬喜免。湯安侯丁明爲大司馬衛將軍。[463]

四月戊午，大司空博爲御史大夫，乙亥遷。中尉趙玄爲御史大夫，[464]五月下獄論。九月乙酉，諸吏散騎光祿勳平當爲御史大夫，二月遷。

光祿勳丁望爲左將軍卒。執金吾公孫祿爲右將軍，[465]一年遷。

衛尉望爲光祿勳，一月遷。光祿大夫平當爲光祿勳，四月遷。

少府賈延爲衛尉，十一月還故官。執金吾孫雲爲衛尉，三年遷。[466]

城門校尉丁憲子尉爲太僕，[467]四年遷。

大鴻臚雲陽畢申世叔，[468]五年徙。

衛尉賈延爲少府，一年遷。五官中郎將潁川公孫祿中子爲執金吾。[469]

侍中水衡都尉讓。大鴻臚謝堯爲扶風，一年遷。

	三
	三月己酉，丞相當薨。四月丁酉，御史大夫王嘉爲丞相。
十月丙寅，京兆尹王嘉爲御史大夫，一年遷。	四月丁酉，河南太守王崇爲御史大夫，[470]九月貶。
	右將軍公孫禄爲左將軍，二年免。[471]執金吾蟜望爲右將軍，一年遷。
	少府賈延爲光禄勳，三年遷。
	左馮翊方賞爲廷尉，四年徙。
	御史大夫王崇爲大司農，二年遷。[472]
	尚書令涿郡趙昌君仲爲少府，一年爲河内太守。將作大匠東海蟜望王君爲執金吾，
	光禄大夫東海魏章子讓爲右扶風，一年遷。
	潁川太守毋將隆爲京兆尹，[473]一年遷。大司農左威爲左馮翊，[474]三年爲復土將軍。

四	
	三月丁卯，諸吏散騎光禄勳賈延爲御史大夫，一年遷。[475]
	諸吏散騎光禄大夫王安爲右將軍，一年遷。
	建平侯杜業爲太常，二年貶爲上黨都尉。
	陳留太守勃海劉不惡子麗爲宗正，更名容。
二月遷。光禄大夫蕭育爲執金吾，一年免。	光禄大夫董恭君孟爲少府，[476]一年遷。京兆尹毋將隆爲執金吾，一年貶爲沛郡都尉。
	光禄大夫龔勝爲右扶風，[477]一年歸故官。
	光禄大夫茂陵申屠博次孫爲京兆尹，一年遷。

元壽元年

三月丙午，丞相嘉下獄死。七月丙午，御史大夫孔光爲丞相。

四月辛丑，[478]大司馬衞將軍明更爲大司馬票騎大將軍。[479]特進孔鄉侯傅晏爲大司馬衞將軍，[480]辛亥賜金，安車駟馬免。

五月乙卯，諸吏光禄大夫孔光爲御史大夫，二月遷。七月丙午，汜鄉侯何武爲御史大夫，二月免。[481]

御史大夫何武爲前將軍，二年免。

詹事馬宮爲光禄勳，[482]二年遷。

少府董恭爲衞尉，二月爲光禄大夫。右扶風弘譚爲衞尉，一年遷。[483]

衞尉孫雲爲少府，一月。[484]陳留太守茂陵耿豐爲少府，二年爲復土將軍。京兆尹申屠博爲執金吾，一年免。

光禄大夫沛弘譚巨君爲右扶風，冬遷。

京兆尹南陽翟萌幼中。[485]

九月己卯，大司馬明免。十一月壬午，諸吏光禄大夫韋賞爲大司
馬車騎將軍，[487]己丑卒。十二月庚子，侍中駙馬都尉董賢爲大

八月辛卯，光禄大夫彭宣爲御史大夫。

光禄大夫南夏常仲齊爲右扶風。

	一[489] 一
	五月甲子，丞相光爲大司徒，九月辛酉爲太傅。右將軍馬宮爲大司徒。
司馬衞將軍。[488]	五月甲子，大司馬衞將軍賢更爲大司馬，六月乙未免。[490]庚申，新都侯王莽爲大司馬。
	五月甲子，御史大夫宣爲大司空，三月病免。八月戊午，右將軍王崇爲大司空。
	安陽侯王舜爲車騎將軍，八月遷。衞尉王崇爲右將軍，三月。光禄勳馬宮爲右將軍，三月遷。光禄勳甄豐爲右將軍，
	博陽侯丙昌長矯爲太常，二年貶爲東郡太守也。
	左曹中郎將甄豐爲光禄勳，一年遷。
	大司農王崇爲衞尉，二月遷。建成侯黄輔子元爲衞尉。
	長樂衞尉王惲子敬爲太僕，[491]五年遷。
	故廷尉梁相復爲大理，三年坐除吏不次免。
	復土將軍左咸爲大鴻臚。
	衞尉弘譚爲大司農。
	光禄大夫韓容子伯爲執金吾，一月免。護軍都尉孫建子夏爲執金吾，三月遷。
	大鴻臚畢由爲右扶風，六月貶爲定襄太守。
	京兆尹清河孫意子承。廷尉方賞爲左馮翊，一年遷。

	孝平元始元年
	三月丙辰，太傅孔光爲太師，大司馬王莽爲太傅，大司馬車騎將軍王舜爲太保車騎將軍。
	二月丙辰，^[492]大司馬莽遷。
六月遷，執金吾孫建爲右將軍，二年遷。	
	侍中奉車都尉甄邯子心爲光禄勳，^[493]三年遷。
	中郎將蕭咸爲大司農，^[494]一年卒。
	少府宗伯鳳君房。^[495]中郎將任岑爲執金吾，一年卒。
	右輔都尉趙恢君回爲右扶風，^[496]一年免。
	大司徒司直金欽爲京兆尹，^[497]一月爲侍中。^[498]光禄大夫左馮翊張嘉。

二	
二月癸酉，大司空王崇爲病免。[499]四月丁酉，少府左將軍甄豐爲大司空。[500]	
右將軍孫建爲左將軍光祿勳。甄邯爲右將軍光祿勳。	
安昌侯張宏子夏爲太常，[501]二年貶爲越騎校尉。	
大鴻臚撟仁。[502]	
光祿大夫孫寶爲大司農，數月免。	
左輔都尉尹賞爲執金吾，一年卒。	
中郎將幸成子淵爲水衡都尉。[503]大司馬司直沛武讓君孟爲右扶風，三年爲冀州牧。[504]	

三	四
成門校尉劉岑子張爲太常，[505]二年徙爲宗伯。	
尚書令潁川鍾元寧君爲大理。[506]	
	宗正容更爲宗伯，一年免。
執金吾長安王駿君公，[507]三年遷。	
	將作大匠謝堯爲右扶風，年七十病免，賜爵關内侯。
左馮翊匡咸子期。	京兆尹鍾義。左馮翊沛孫信子儒。

五

四月乙未，太師光薨。大司馬宮爲大司馬，[508]八月壬午免。十二月丙午，長樂少府平晏爲大司徒。[509]

執金吾王駿爲步兵將軍。

太僕惲爲光禄勳。[510]

太鴻臚左咸。

太常劉岑爲宗伯。大司農尹。[511]

尚書令南陽鄧馮君侯爲右扶風。

宰衡護軍武襄尹，[512]數月遷。中郎將南陽郝黨子嚴爲左馮翊。[513]

[1]【顏注】師古曰：此表中記公卿姓名不具及但舉其官而無名或言若干年不載遷免死者，皆史之闕文，不可得知也。【今注】案，此表以時間爲經，職官爲緯，載漢高帝（前206—前195）、漢惠帝（前194—前188）、漢高后（前187—前180）、漢文帝前元（前179—前164）後元（前163—前157）、漢景帝前元（前156—前150）中元（前149—前144）後元（前143—前141）、漢武帝建元（前140—前135）元光（前134—前129）元朔（前128—前123）元狩（前122—前117）元鼎（前116—前110）元封（前110—前105）太初（前104—前101）大漢（前100—前97）太始（前96—前93）征和（前92—前89）後元（前88—前87）、漢昭帝始元（前86—前80）元鳳（前80—前75）元平（前74）、漢宣帝本始（前73—前70）地節（前69—前66）元康（前65—前62）神爵（前61—前58）五鳳（前57—前54）甘露（前53—前50）黃龍（前49）、漢元帝初元（前48—前44）永光（前43—前39）建昭（前38—前34）竟寧（前33）、漢成帝建始（前32—前29）河平（前28—前25）陽朔（前24—前21）鴻嘉（前20—前17）永始（前16—前13）元延（前12—前9）綏和（前8—前7）、漢哀帝建平（前6—前3）太初元將（前5）元壽（前2—前1）、漢平帝元始（1—5）間公卿任免情況。

[2]【今注】列將軍：諸種將軍，如大將軍、車騎將軍、驃騎將軍、左將軍、右將軍、前將軍、後將軍、衞將軍、度遼將軍、步兵將軍等。

[3]【今注】沛：縣名。治所在今江蘇沛縣。　蕭何：傳見本書卷三九。

[4]【今注】内史：錢大昭《漢書辨疑》以爲，高帝元年無内史官，或誤。王先謙《漢書補注》以爲，此處存内史官之名，據下“内史杜恬”，則誤。　周苛：秦泗水郡沛縣人。楚漢戰爭時，曾任御史大夫。與魏豹、樅公守滎陽。項羽圍滎陽，周、樅以魏豹曾叛漢而殺之。後項羽破滎陽，被俘。不降，爲項羽烹死。

[5]【今注】榮陽：縣名。治所在今河南鄭州市西北。

[6]【今注】滕：縣名。治所在今山東滕州市西南。　　夏侯嬰：傳見本書卷四一。　　太僕：王先謙《漢書補注》以爲，夏侯嬰起兵從即爲太僕，此斷自元年始。

[7]【今注】執盾：官名。一説猶如帝王護衛；一説掌執盾兵。　　襄：王先謙《漢書補注》以爲此即本書《高惠高后文功臣表》中的棘丘侯。

[8]【顔注】師古曰：志，音式異反。【今注】職志：王先謙《漢書補注》以爲"志"與"幟"通。　　周昌：傳見本書卷四二。

[9]【今注】案，王先謙《漢書補注》以爲《史記·漢興以來將相名臣年表》載是年盧綰爲太尉，與本書卷三四《盧綰傳》"東擊項籍，以太尉常從"合。此表列於五年誤，當書此處。

[10]【今注】案，王先謙《漢書補注》據本書卷五二《灌嬰傳》"二年，御史大夫趙綰"，當書在此處。又御史大夫周苛死在高帝三年，此疑假丞相之比。

[11]【今注】案，王先謙《漢書補注》據本書卷三九《曹參傳》，以爲是年曹氏爲中尉，當書此處。

[12]【今注】趙：諸侯王國名。時趙王爲漢高帝劉邦子如意。

[13]【今注】盧綰：傳見本書卷三四。

[14]【今注】案，王先謙《漢書補注》據本書卷四一《灌嬰傳》，以爲是年灌氏爲車騎將軍，當書此處。

[15]【今注】郎中令：周壽昌《漢書注校補》據本書《高惠高后文功臣表》，此郎中令是沿秦制稱之。

[16]【顔注】師古曰：歐，一后反（蔡琪本、大德本、殿本"一"前有"音"字）。【今注】薛歐：錢大昭《漢書辨疑》據本書《高惠高后文功臣表》以爲歐封侯，在高帝六年（前201），此處從後追稱。

[17]【今注】軍正：軍中司法官。又本書卷一六《高惠高后文功臣表》作"軍匠"，未知孰是。　　案，陽咸延，本書《高惠高

后文功臣表》作"陽城延"。

[18]【今注】丙猜：初以客從入漢滅秦，楚漢戰爭中任中尉，破項羽，封高宛侯。

[19]【今注】殷：王先謙《漢書補注》以爲"殷"字衍。杜恬：王先謙《漢書補注》據本書《高惠高后文功臣表》，杜恬以內史擊諸侯，以廷尉封長脩侯。

[20]【今注】酈商：傳見本書卷四一。 衛尉：王先謙《漢書補注》據本傳，以爲酈是以將軍將太上皇衛。

[21]【今注】案，王先謙《漢書補注》以爲此與本書《高惠高后文功臣表》合。夏侯嬰至文帝時常爲太僕，此或偶一代任。

[22]【今注】奉常：當時應稱太常。

[23]【今注】案，王先謙《漢書補注》以爲蕭何爲相國，當從本書卷一《高紀》、卷三九《蕭何傳》及《百官公卿表上》，在高帝十一年，此誤移前二格。

[24]【今注】趙堯：西漢初人，從劉邦征伐有軍功，任符璽御史。曾建議劉邦以周昌爲趙相保護趙王劉如意。高帝用其計，並擢其爲御史大夫。又從擊陳豨有功，封江邑侯。後呂后臨朝，怨其曾獻計護趙王，革職。

[25]【今注】中地守：沈欽韓《漢書疏證》卷三以爲本書《地理志》載高帝九年罷中地郡，此當云"故中地守"。陳直《漢書新證》指出《史記》卷九○《魏豹彭越列傳》載"廷尉王恬開奏請族之"，本表不載，僅在高祖五年載王恬開爲郎中令。

[26]【今注】周勃：傳見本書卷四○。

[27]【今注】案，王先謙《漢書補注》據本書卷四一《靳歙傳》，以爲是年靳氏爲車騎將軍，當書此處。

[28]【今注】衛尉王氏：王先謙《漢書補注》以爲此王氏見本書卷三九《蕭何傳》。陳直《漢書新證》指出，王衛尉見本書《蕭何傳》，注家以爲史失其名，不知即姓王名氏。《漢印文字徵》第十二載有"蔡氏""丁氏""呂氏""燔氏"諸印可證。又本表文

帝二年，有“衛尉足”，足疑即是字之誤，氏、是二字古通用，似即王氏復任者。

[29]【顏注】師古曰：鰓，先才反。【今注】戚鰓：初從高帝爲郎，以都尉守蘄城，以中尉侯封臨轅侯。

[30]【今注】案，《漢書考證》齊召南據本書卷四〇《陳平傳》，以爲是年陳平爲郎中令，當書此處。

[31]【今注】劉澤：傳見本書卷三五。

[32]【今注】七月：王先謙《漢書補注》以爲“七”當爲“八”。　齊相：錢大昭《漢書辨疑》以爲本傳作“齊丞相”，是。曹參：傳見本書卷三九。

[33]【今注】案，王先謙《漢書補注》據本書《高惠高后文功臣表》，以爲恬死於漢惠帝二年，此八字當在高帝十一年下。

[34]【今注】王陵：傳見本書卷四〇。

[35]【今注】案，王先謙《漢書補注》據本書《高惠高后文功臣表》，以爲宣義死於漢惠帝五年，此八字誤衍。

[36]【顏注】師古曰：名免也。【今注】免：王先謙《漢書補注》以爲即本書卷四《文紀》中中大夫令免。

[37]【今注】審食其：秦末漢初沛縣人。初爲漢王劉邦舍人。楚漢戰爭中，與呂后同爲項羽所俘，因得寵於呂后。後封辟陽侯。呂后執政，任左丞相。文帝立，免去相位，後爲淮南王劉長所殺。

[38]【今注】上黨：郡名。治長子縣（今山西長子縣西南）。任敖：傳見本書卷四二。

[39]【今注】劉郢客：事迹見本書卷三六《楚元王傳》。

[40]【今注】曹窋：曹參子。案，窋，蔡琪本、大德本、殿本同，王先謙《漢書補注》以爲“窋”訛“窋”。

[41]【今注】劉揭：高祖時爲郎，遷典客。誅諸呂時，奪呂禄兵符，關殿門拒呂産等入，與群臣共立文帝。封陽信侯。

[42]【今注】案，王先謙《漢書補注》引司馬光《通鑑考異》卷一云：“《史記·將相表》‘八年七月辛巳，食其爲太傅。九月丙

戌，復爲丞相，後九月免’，此表乃云云。以《長曆》推之，八年七月無辛巳，九月無丙戌。閏月，迎代邸群臣，無食其名。表皆誤。”周壽昌《漢書注校補》云：“《高后紀》‘八年秋七月辛巳，皇太后崩’，《史記》‘七月中，高后病甚，辛巳崩’，是七月有辛巳。辛巳至丙戌六十六日，正在九月，是九月有丙戌。此《長曆》誤推耳。食其免相，據《陳平傳》在誅諸呂後，自不預迎代邸。各本以七月辛巳列在七年，九月丙戌列在八年，皆傳刊之誤，宜改正。”

［43］【今注】案，王先謙《漢書補注》以爲張蒼補官在此年，受任在明年。又據本書卷四一《灌嬰傳》，是年爲大將軍。

［44］【今注】案，王先謙《漢書補注》據本書卷三《高后紀》，是年有郎中令賈壽，當書此處。

［45］【今注】薄昭：西漢會稽吳人。高祖薄姬弟。高祖時爲郎。後隨薄姬往代國。呂后卒，以中大夫迎漢文帝於代。文帝立，封軹侯。後以殺使者坐罪自殺。案，人中大夫薄昭爲車騎將軍，蔡琪本、大德本作“十月辛亥將軍灌嬰爲太尉二年遷官省”，殿本作“十月辛亥將軍灌嬰爲太尉二年遷爲官省”。

［46］【今注】宋昌：初爲漢高帝家吏，爲代王中尉。高后八年，周勃、陳平等誅諸呂，使人迎立文帝。郎中令張武等皆以爲不可信，獨其勸王往繼位。文帝立，拜其爲衞將軍，封壯武侯。景帝時，有罪奪侯。案，此條，蔡琪本、殿本此格作“十月辛亥，將軍灌嬰爲太尉，二年遷，官省”，是。大德本作“十月辛亥，將軍灌嬰爲太尉，二年遷，官省，代中尉宋昌爲衞將軍”。蔡琪本無“代中尉宋昌爲衞將軍”九字。

［47］【今注】案，蔡琪本、大德本、殿本此格作“太中大夫薄昭爲車騎將軍。代中尉宋昌爲衞將軍”。

［48］【今注】張武：初爲代王郎中令。高后八年，周勃、陳平等誅諸呂，使人迎立文帝。張武以爲有詐。文帝立，爲郎中令。後曾任將軍抗擊匈奴。

[49]【今注】吳公：王先謙《漢書補注》以爲即本書卷四八《賈誼傳》之河南守。

[50]【今注】衞尉足：錢大昭《漢書辨疑》以爲本書卷四《文紀》載元年有衞尉足；表在二年，非。陳直《漢書新證》以爲"足疑即是字之誤，氏、是二字古通用"，即前高祖十一年王氏復任。

[51]【今注】十二月：錢大昭《漢書辨疑》指出本書卷四《文紀》作"十一月"，《史記》作"十一月壬子"。

[52]【今注】案，王先謙《漢書補注》據本書卷四《文紀》，是年棘蒲侯柴武爲大將軍，當書此處。

[53]【今注】案，王先謙《漢書補注》據本書卷五〇《張釋之傳》，以爲張釋之爲騎郎，不調，中郎將爰盎請補謁者，又歷官謁者僕射、公車令、中大夫、中郎將，至廷尉。考本書卷四九《袁盎傳》，淮南王遷蜀時，即文帝六年，盎爲中郎將。是張釋之文帝六年前後方補謁者，不應在三年。又案本傳，釋之爲廷尉時，中尉周亞夫見其持議平，結爲親友。亞夫以細柳軍罷始拜中尉，在文帝後六年，則釋之爲廷尉必在其時，表誤移於三年。

[54]【今注】馬敬：當作"馮敬"，秦將馮無擇之子，秦亡後爲西魏王魏豹騎將。魏豹反，馮敬與韓信、曹參交戰被俘降漢。文帝時拜爲典客，遷任御史大夫，後接替郅都做雁門郡守。漢景帝時匈奴進攻雁門，戰死。案，馬，蔡琪本、大德本、殿本作"馮"。

[55]【今注】張贈：當作"張蒼"。傳見本書卷四二。贈，蔡琪本、大德本作"倉"，殿本作"蒼"。

[56]【今注】案，陳直《漢書新證》指出，《史記》卷一一八《淮南厲王傳》載丞相張蒼、典客馮敬等議淮南王罪奏疏，有宗正臣逸、廷尉臣賀、中尉臣福三人，皆不見於本表本年。宗正臣逸疑即景帝三年的德侯劉通，字形相近而誤。廷尉臣賀疑即景帝後元年的郎中令賀。中尉臣福疑即景帝中元年的廷尉福。

[57]【顏注】師古曰："靚"與"静"同。

［58］【今注】案，王，蔡琪本、大德本、殿本作“奉”，是；閏，蔡琪本、大德本、殿本作“間”。

［59］【今注】案，王先謙《漢書補注》據本書卷四《文紀》，是年中尉周舍爲衛將軍，郎中令張武爲車騎將軍，東陽侯張相如爲大將軍。當書此處。

［60］【今注】董赤：王先謙《漢書補注》指出本書卷四《文紀》作“董赫”。

［61］【今注】宜昌：王先謙《漢書補注》指出見本書卷四九《鼂錯傳》。

［62］【今注】淮陽：郡名。治陳縣（今河南淮陽縣）。 申屠嘉：傳見本書卷四二。

［63］【今注】廷尉信：王先謙《漢書補注》據本書卷五《景紀》景帝元年有廷尉信，疑不當書在此。

［64］【今注】戊戌：王念孫《讀書雜志·漢書第三》以爲“戊戌”當爲“戊辰”，後二日爲庚午。《漢紀·孝文紀》正作“戊辰”。 案，倉，蔡琪本、殿本作“蒼”。

［65］【今注】陶青：陶舍子，襲開封侯。景帝時爲丞相。卒謚夷。

［66］【今注】案，王先謙《漢書補注》據本書卷四《文紀》，中大夫令免爲車騎將軍，當書此處。

［67］【今注】周仁：傳見本書卷四六。

［68］【顏注】師古曰：“歐”讀與“驅”同。（歐，大德本、殿本作“毆”）【今注】歐：王先謙《漢書補注》據本書卷五〇《張釋之傳》，以爲此歐代釋之任。

［69］【今注】劉禮：王先謙《漢書補注》據本書卷四〇《周勃傳》載，文帝後六年以宗正劉禮爲將軍，本書卷四《文紀》同。是劉禮爲宗正不自景帝元年始，應爲傳寫誤移。

［70］【今注】中尉嘉：王先謙《漢書補注》據本書卷四〇《周亞夫傳》載，孝景三年周亞夫以中尉爲太尉，與太尉表合；不

應更有中尉嘉。本書卷四九《鼂錯傳》載，殺錯時有中尉嘉劾奏錯，是嘉以景帝三年爲中尉，疑亞夫遷太尉後嘉任之，不久免官，衛綰代之，此處亦傳寫誤移。

[71]【今注】朝錯：傳見本書卷四九。案，朝，蔡琪本、殿本作"晁"。 左内史：當時内史未分左右。"左"字疑衍。

[72]【今注】案，朝，蔡琪本、殿本作"晁"。

[73]【今注】竇嬰：傳見本書卷五二。

[74]【今注】吳：諸侯王國名。時王爲漢高祖侄劉濞。 爰盎：傳見本書卷四九。案，爰，殿本作"袁"。

[75]【今注】奉常殷：王先謙《漢書補注》以爲爰盎免而殷代。

[76]【今注】劉通：吳王劉濞弟劉廣之子。

[77]【今注】衛綰：傳見本書卷四六。

[78]【今注】竇彭祖：孝文帝竇皇后兄竇長君之子。

[79]【今注】張歐：王先謙《漢書補注》以爲《史》《漢》表無安丘侯張歐，惟本書卷四六《張歐傳》云"安丘侯張説少子。景帝時爲九卿，後爲御史大夫，是張歐即張歐。

[80]【顏注】師古曰：《侯表》及諸傳皆云"桃侯"，獨此爲"姚丘"，疑誤也。【今注】姚丘侯劉舍：景帝時任御史大夫，後繼周亞夫爲丞相。卒謚哀。沈欽韓《漢書疏證》以爲當作"桃侯"是。

[81]【今注】案，陳直《漢書新證》據《史記·漢興以來將相名臣年表》，景帝六年有御史大夫陽陵侯岑邁，本表不載，又《漢興以來將相名臣年表》景帝後元二年六月丁丑，記御史大夫岑邁卒。

[82]【今注】鄲侯蕭勝：王先謙《漢書補注》以爲蕭景帝中二年嗣武陽侯。此書"鄲侯蕭勝爲奉常"，誤。

[83]【今注】濟南：治東平陵縣（今山東濟南市章丘區西）。 郅都：傳見本書卷九〇。

[84]【今注】中尉：王先謙《漢書補注》以爲中尉都三年免，

此處不應有"中尉"二字。

[85]【今注】袁棗侯乘昌：錢大昕《廿二史考異·漢書一》據本書《高惠高后文功臣表》袁棗侯革朱孫昌以孝景中二年嗣侯，以爲此一人而姓異。《廣韻》乘姓引袁棗侯乘昌，革姓引袁棗侯革朱。

[86]【顏注】師古曰：軑，音大，又音第。【今注】吳利：錢大昕《廿二史考異·漢書一》指出本書《高惠高后文功臣表》載軑侯黎朱蒼至曾孫扶失侯，《史記·惠景閒侯者年表》作"利蒼"，別無軑侯吳利。

[87]【今注】案，陳直《漢書新證》引漢《趙寬碑》云："文景時有仲況官少府。"指出本表未載。

[88]【今注】案，《漢書考證》齊召南稱，本書卷四六《直不疑傳》載景帝後元年拜御史大夫，此表由主爵都尉、衛尉至御史大夫，可補傳所不及。

[89]【今注】案，齊西，蔡琪本、大德本、殿本作"濟南"，是。　甯成：傳見本書卷九〇。

[90]【今注】案，王先謙《漢書補注》據本書《高惠高后文功臣表》載，孝文十年，舍嗣桃侯，三十年薨；其子由以武帝建元元年嗣。是舍應薨在景帝後三年。本書卷五二《竇嬰傳》亦云"桃侯免相"，可證"死"爲"免"字之訛。蔡琪本、殿本作"免"。

[91]【今注】案，王先謙《漢書補注》據本書《高惠高后文功臣表》載不疑封侯在八月，六年薨，本傳云"武帝即位，以過免"，是不疑免官又三年乃卒，非卒於官。此"死"是"免"之誤。蔡琪本作"免"。

[92]【今注】中尉廣意：王先謙《漢書補注》以爲後又有執金吾郭廣意，執金吾即中尉更名，疑即此一人而兩任。

[93]【今注】許昌：柏至侯許溫孫。文帝時嗣侯。武帝中繼衛綰爲丞相。卒謚哀。

［94］【今注】案，二，殿本作"三"，大德本作"一"。

［95］【今注】案，王先謙《漢書補注》以爲"後"字爲衍文。

［96］【今注】田蚡：傳見本書卷五二。

［97］【顏注】師古曰：抵，音丁禮反。

［98］【今注】王臧：西漢東海蘭陵人。從申公學《詩》。景帝時，爲太子少傅。武帝建元初，遷郎中令。與御史大夫趙綰請立明堂以朝諸侯，未成。竇太后不悦儒術，得臧過，下獄自殺。

［99］【今注】案，一，蔡琪本、殿本作"二"。

［100］【今注】淮南：王先謙《漢書補注》據本書卷五二《灌夫傳》，以爲"南"，當作"陽"。　灌夫：傳見本書卷五二。

［101］【今注】案，二，殿本作"一"。

［102］【今注】内史印：王先謙《漢書補注》以爲殿本"印"作"卬"，是。大德本作"卬"。

［103］【今注】趙綰：代郡人。從申公學《詩》。武帝時爲御史大夫。曾請立明堂以朝諸侯，後又請毋事東宫竇太后。觸怒竇太后，下獄自殺。

［104］【今注】案，皋，殿本作"罪"。

［105］【今注】南陵侯：王先謙《漢書補注》以爲南陵，京兆屬縣，不能封國。據本書《景武昭宣元成功臣表》、卷四二《張蒼傳》作"商陵"，是。

［106］【今注】石建：事迹見本書卷四六《萬石君石奮傳》。

［107］【今注】六年卒：《漢書考證》齊召南以爲"萬石君以元朔五年没，歲餘，建亦死，而李廣代建爲郎中令，兩傳可證"。故"六年卒"，當作"十六年卒。"

［108］【今注】石慶：傳見本書卷四六。

［109］【今注】韓安國：傳見本書卷五二。

［110］【今注】嚴青翟：姓或作"莊"，莊不識孫。文帝時嗣爵爲武强侯。武帝初爲御史大夫，後任丞相。因朱買臣等丞相三長史謀陷御史大夫張湯，致湯自殺。武帝聞知，殺朱買臣等，青翟下

獄自殺。錢大昭《漢書辨疑》以爲，武帝建元二年趙綰死，青翟繼任。書於四年，疑非。

[111]【今注】案，陳直《漢書新證》據《全後漢文》卷七七蔡邕《范丹碑》："漢文景之際，爰自南陽，家於成安，生惠及延，延熹（二字有誤）二年，官至司農廷尉，君則其後也。"表文廷尉廷，疑即廷尉延之誤字，謂范延。

[112]【今注】江都：諸侯王國名。漢景帝時置，治廣陵縣（今江蘇揚州市西北）。　鄭當時：傳見本書卷五〇。

[113]【今注】五年：錢大昭《漢書辨疑》以爲本書《灌夫傳》載武帝元光四年有內史鄭當時，又鄭當時本傳載爲右內史，以田、竇事貶詹事。當是"六年貶"。

[114]【今注】王恢：燕人。初爲邊吏，漢武帝時任大行。閩越與東越相攻，同韓安國率兵未至，越殺其王降漢。武帝元光二年，馬邑人聶壹建議設伏誘殲匈奴，其主張出擊。武帝以三十萬人誘匈奴單于，其率兵擊輜重，因違犯軍令，自殺。

[115]【今注】賀：公孫賀。傳見本書卷六六。

[116]【今注】案，王先謙《漢書補注》認爲"年"下脫"遷"字。

[117]【今注】東海：郡名。治郯縣（今山東郯城縣）。　汲黯：傳見本書卷五〇。　案，主，殿本誤作"土"。

[118]【今注】隴西：郡名。治狄道縣（今甘肅臨洮縣南）。李廣：傳見本書卷五四。

[119]【顏注】師古曰：歐，音一後反（後，蔡琪本、殿本作"后"）。【今注】張歐：錢大昭《漢書辨疑》以爲非宣平侯張歐，此別一人。

[120]【今注】翟公：王先謙《漢書補注》以爲即本書卷五〇《鄭當時傳》中之翟公，再爲廷尉，表僅一見。

[121]【顏注】師古曰：番，音普安反。【今注】番係：王先謙《漢書補注》以爲係後爲河東太守，武帝元朔五年遷御史大夫。

　　［122］【今注】公孫弘：傳見本書卷五八。

　　［123］【今注】趙禹：傳見本書卷九〇

　　［124］【今注】孔臧：孔聚子，孔安國從兄。文帝時嗣父爵蓼侯。武帝時官太常，與博士等議勸學勵賢之法，請著功命。後以南陵橋壞，衣冠道絕，坐罪，免。

　　［125］【今注】南陵：漢文帝薄太后陵，因在霸陵南，故稱。衣冠道：漢代制度，每月初一將高帝的衣冠從陵墓的宮殿中移到祭祀高帝的宗廟裏去，謂之“游衣冠”（參見焦南峰《宗廟道、游道、衣冠道——西漢帝陵道路再探》，《文物》2010年第1期）。本書卷四三《叔孫通傳》“衣冠月出游高廟”，服虔曰：“持高廟中衣，月旦以游於寢廟，已而復之。”應劭曰：“月旦出高帝衣冠，備法駕，名曰游衣冠。”如淳曰：“高祖之衣冠藏在宮中之寢，三月出游，其道正值今之所作復道下，故言乘宗廟道上行也。”晉灼曰：“《黃圖》高廟在長安城門街東，寢在桂宮北。服言衣藏於廟中，如言宮中，皆非也。”師古曰：“諸家之說皆未允也。謂從高帝陵寢出衣冠，游於高廟，每月一爲之，漢制則然。而後之學者不曉其意，謂以月出之時而夜游衣冠，失之遠也。”

　　［126］【今注】蘇建：傳見本書卷五四。

　　［127］【今注】張湯：傳見本書卷五九。

　　［128］【今注】孟賁：與戰國時勇士孟賁同名，別是一人。

　　［129］【今注】李息：事迹見本書卷五五《衛青霍去病傳》。

　　［130］【顏注】師古曰：沮，音組。【今注】李沮：事迹見本書卷五五《衛青霍去病傳》。案，左，殿本作“在”。

　　［131］【今注】劉棄：錢大昭《漢書辨疑》指出本書卷五〇《汲黯傳》作“劉棄疾”。

　　［132］【顏注】師古曰：賁（蔡琪本無“賁”字），音奔。

　　［133］【今注】河東：郡名。治安邑縣（今山西夏縣西北）。

　　［134］【今注】案，王先謙《漢書補注》據本書卷六《武紀》指出是年衛青爲大將軍，當書此處。

[135]【今注】張當居：張尚子。因父諫楚王劉戊謀反被殺，景帝中封山陽侯。武帝元朔五年坐罪，國除。

[136]【今注】選子弟：沈欽韓《漢書疏證》以爲即太常職選博士弟子。又此“子弟”誤倒。

[137]【今注】殷容：王念孫《讀書雜志・漢書第三》以爲當作“殷宏”。又蔡琪本作“殷客”。

[138]【今注】李蔡：隴西成紀人。李廣從弟。文帝時與其兄廣同爲郎，景帝時積功官至二千石。武帝元朔中，爲輕車將軍，從大將軍衛青擊匈奴右賢王，封樂安侯。武帝元狩中代公孫弘爲丞相。後因侵盜陽陵地，下獄自殺。

[139]【今注】右北平：郡名。漢初治無終（今天津市薊州區），後徙治平剛（今内蒙古寧城縣西）。

[140]【今注】案，王先謙《漢書補注》據本書卷五五《衛青霍去病傳》載趙食其事迹，武帝立十八年以主爵都尉從大將軍，是元朔六年趙食其已爲主爵都尉代李蔡，故明年書“樂安侯李蔡爲御史大夫”，不書“主爵都尉李蔡”。此格當有“主爵都尉趙食其”七字。下朱買臣爲主爵都尉，至三年復書主爵都尉趙食其，是食其免後復爲此官。

[141]【今注】劉受：錢大昭《漢書辨疑》以爲下劉受當別一人，故此不書侯。

[142]【今注】司馬安：汲黯姊子。少與黯同爲太子洗馬。其善於爲宦，四任九卿，兄弟以安故，至二千石者十人。以河南太守卒。

[143]【今注】會稽：郡名。治吳縣（今江蘇蘇州市）。　朱買臣：傳見本書卷六四上。

[144]【今注】案，王念孫《讀書雜志・漢書第三》指出此十九字當在二年下，方合六年之數，代李蔡任不得遲至三年。《漢紀》在二年。案，皋，殿本作“罪”。

[145]【今注】霍去病：傳見本書卷五五。王先謙《漢書補注》據本書卷六《武紀》，認爲霍去病任驃騎將軍在武帝元狩二

年。此處與上下文皆傳寫者誤移下一年。

［146］【今注】張騫：傳見本書卷六一。王先謙《漢書補注》據本書卷六《武紀》認爲張騫任衞尉在武帝元狩二年。又本書卷六一《張騫傳》武帝元朔六年封騫博望侯，後二歲爲衞尉，正當元狩二年。且騫二年擊匈奴得罪，不應三年尚爲官。

［147］【今注】安：錢大昕《廿二史考異‧漢書一》以爲即司馬安。

［148］【今注】禹：沈欽韓《漢書疏證》以爲即趙禹。

［149］【今注】趙食其：事迹見本書卷五五《衞青霍去病傳》。

［150］【今注】案，票，殿本作“驃”。

［151］【今注】二年：《漢書考正》宋祁據本書《景武昭宣元成功臣表》認爲當在五年。

［152］【今注】顔異：王先謙《漢書補注》指出顔異事迹見本書《食貨志》。

［153］【今注】河內：郡名。治懷縣（今河南武陟縣西南）。王温舒：傳見本書卷九〇。

［154］【今注】楊僕：傳見本書卷九〇。

［155］【今注】定襄：治成樂縣（今内蒙古和林格爾縣盛樂鎮土城子村古城）。 義縱：傳見本書卷九〇。

［156］【今注】案，取，大德本、蔡琪本、殿本作“甲”，是。

［157］【今注】案，皋，殿本作“罪”。

［158］【今注】四月乙卯：錢大昭《漢書辨疑》指出《漢紀》“乙卯”作“乙丑”，“少傅”作“太傅”。

［159］【今注】李敢：李廣少子。初事武帝爲郎。從霍去病以校尉擊匈奴左賢王，以功賜爵關内侯，代李廣爲郎中令。怨衞青令其父自殺，擊傷衞青。後從武帝出獵甘泉宫，霍去病恨其擊傷舅父衞青，將其射死。

［160］【今注】案，齋，殿本作“齊”，通。

［161］【今注】案，錢大昭《漢書辨疑》指出樂賁，樂布子。

《史記》卷六〇《三王世家》是年有太常充。案，樂貢，大德本誤作“渠員”。

[162]【今注】案，王先謙《漢書補注》以爲武帝太初元年表有郎中令自爲更爲光禄勳，此“十三年爲光禄勳”七字爲衍文。

[163]【今注】正畾：蔡琪本、大德本、殿本作“王畾”，是。王先謙《漢書補注》以爲又作“王朝”，見本書卷五九《張湯傳》。

[164]【今注】王信：王先謙《漢書補注》引王先恭，以爲王信當爲王充，武帝元光三年嗣蓋侯。應移入前一年格中。

[165]【今注】案，下“廷尉霸”三字殿本在此格。

[166]【今注】霸：王先謙《漢書補注》疑即中尉霸遷。

[167]【今注】二月：朱一新《漢書管見》據本書卷六《武紀》，以爲嚴青翟自殺在十二月。疑表“二月”上脱“十”字。

[168]【今注】案，皐，殿本作“罪”。

[169]【今注】案，周壽昌《漢書注校補》以爲石慶當是與趙周二月同日拜。宋代王益之《西漢年紀》指出同時不應有兩太子太傅，疑太子少傅莊青翟爲丞相時以趙周爲太子少傅。但本書卷七四《丙吉傳》太子太傅夏侯勝決吉不死，時宣帝元康三年，疏廣尚爲太子太傅。是兩太子太傅，西漢已有之。案，三，殿本作“二”。

[170]【顏注】師古曰：《任敖傳》及《侯表》皆云“廣阿侯”。今此爲“廣安”，此表誤。【今注】案，安，殿本作“陵”。

[171]【今注】案，郎，殿本作“尉”。

[172]【今注】孔僅：王先謙《漢書補注》指出事迹見本書《食貨志》。

[173]【顏注】師古曰：赤側當廢而不收（廢，蔡琪本、殿本作“收”），乃收見行之錢也。鄲，音多。【今注】周仲居：周緤孫。　赤側錢：又作“赤仄錢”。詳見本書《食貨志》。

[174]【今注】尹齊：傳見本書卷九〇。

[175]【今注】張廣國：王先謙《漢書補注》指出張廣國爲張敖曾孫，武帝元光三年封睢陵侯，十八年薨。子張昌，元鼎二年

嗣。傳、表未載廣國爲太常，且薨在元鼎元年，此時別無睢陵侯張廣國其人。此九字當衍。

[176]【今注】燕：諸侯王國名。治薊縣（今北京西南）。

[177]【今注】兒寬：傳見本書卷五八。

[178]【今注】案，二，蔡琪本、殿本作"三"。

[179]【今注】周建德：王先謙《漢書補注》以爲是周勃孫。

[180]【顏注】師古曰：壇役使人也（壇，蔡琪本、大德本、殿本作"擅"）。

[181]【今注】路博德：事迹見本書卷五五《衛青霍去病傳》。案，殿本無"德"字。

[182]【今注】卜式：傳見本書卷五八。

[183]【今注】張成：王先謙《漢書補注》：張成坐東粵反不敢擊，畏懦，誅，見本書卷九五《兩粵傳》。

[184]【今注】閻奉：見本書卷九〇《酷吏傳》，以嚴惡之故而見任用。

[185]【顏注】師古曰：咸，音減省之減。【今注】案，即，蔡琪本、大德本、殿本作"御"是。咸，蔡琪本、大德本、殿本作"咸"。 成宣：當作"咸宣"。傳見本書卷九〇。

[186]【今注】杜周：傳見本書卷六〇。

[187]【今注】案，王先謙《漢書補注》以爲"三"當爲"二"。

[188]【今注】韓延年：潁川（今河南禹州市）人。父韓千秋擊南越戰死，武帝嘉其功封延年爲成安侯。天漢中任校尉，隨李陵征匈奴，至浚稽山與匈奴單于軍相遇，以五千人與匈奴八萬餘騎戰，殺敵萬餘人戰死。

[189]【今注】案，蔡琪本無"月"字，殿本"月"前有"八"字。錢大昭《漢書辨疑》曰：南監本、閩本"使人"下有"自"字。王先謙《漢書補注》以爲殿本"八月"，"八"爲"六"之誤。監、閩本"自"字又"月"之誤，上脱"六"字也。

[190]【今注】案，周壽昌《漢書注校補》以爲，宜加"大行令更名"五字於前。

[191]【今注】案，周壽昌《漢書注校補》以爲，疑脱"更爲執金吾"五字。

[192]【今注】案，朱一新《漢書管見》指出，無忌、殷周並見《史記》卷一二二《酷吏列傳》論。

[193]【今注】案，王先謙《漢書補注》以爲"中尉"二字爲衍文。

[194]【今注】膠東太守：沈欽韓《漢書疏證》以爲當從《漢紀》作"膠東相"。膠東，諸侯王國名。治即墨縣（今山東平度市東南）。

[195]【今注】石德：温縣人。石慶子。父死嗣位爲侯，後爲太常，祠不如令，失法罔上，坐法當死，贖免爲庶人，國除。

[196]【今注】案，性，蔡琪本、大德本、殿本作"牲"，是。

[197]【顔注】師古曰：疑此非上官桀，表誤也。【今注】上官桀：王先謙《漢書補注》以爲非與霍光受武帝遺詔輔漢昭帝者，是又一上官桀，曾從李廣利征大宛，以敢深入爲少府。廣利封侯在四年，此亦當在四年，傳寫者誤移前一格。

[198]【今注】濟南：郡名。治東平陵縣（今山東濟南市章丘區西）。　琅邪：治東武縣（今山東諸城市）。　王卿：陳直《漢書新證》："直按：錢大昭謂荀悦《漢紀》作王延年，疑延年爲正名，王卿爲尊稱之號。"

[199]【今注】桑弘羊：洛陽人。出身商人家庭。年十三被武帝召爲侍中，後任治粟都尉。領大農令。積極參與制定、推行鹽鐵酒官營專賣政策，並建議設立均輸、平準機構，由政府直接經營運輸和貿易，平抑物價。對打擊富商大賈勢力和增加封建國家的收入，起了較大的作用。昭帝即位，他被任爲御史大夫，與霍光、金日磾共同輔政。昭帝始元六年（前81），召開鹽鐵會議，他堅持鹽鐵官營專賣政策。次年，受指控謀廢昭帝另立燕王旦爲帝，以罪被殺。

　　［200］【今注】趙弟：隴西郡上邽縣人。武帝時以李廣利騎士斬郁成王，封新時侯。武帝天漢二年爲太常，後因審訊獄案不實，有罪，罰服勞役。

　　［201］【顔注】師古曰：沛人，姓范，名方渠，字中也。中，讀曰仲。

　　［202］【今注】案，左，殿本誤作“右”。

　　［203］【今注】案，王先謙《漢書補注》以爲闕文。

　　［204］【今注】案，小，蔡琪本、大德本、殿本作“少”。

　　［205］【顔注】師古曰：公子，亦勝之字也。後皆類此。【今注】暴時之：當作“暴勝之”。西漢河東人，字公子。武帝末，郡國盜賊群起，勝之以直指使者，衣繡衣，持斧，逐捕盜賊，督課郡國，東至於海。刺史郡守以下不從命者皆伏誅，威震州郡，後遷御史大夫。征和二年，戾太子以被誣巫蠱，與丞相劉屈氂大戰長安，後戰敗逃亡。勝之坐失縱罪，下獄自殺。案，時，蔡琪本、大德本、殿本作“勝”，是。

　　［206］【今注】安定：郡名。治高平縣（今寧夏固原市原州區）。

　　［207］【今注】江充：傳見本書卷四五。

　　［208］【今注】四月：李慈銘《越縵堂讀史札記·漢書六》指出賀下獄，本書卷六《武紀》作“正月”，據本書卷六六《劉屈氂傳》武帝征和二年春，制詔御史，“故丞相賀”，明表誤。

　　［209］【今注】五月：朱一新《漢書管見》據本書《王子侯表上》，以爲屈氂以三月丁巳封。此“五月”亦當作“三月”。　涿郡：治涿縣（今河北涿州市）。

　　［210］【今注】案，王先謙《漢書補注》指出本書《景武昭宣元成功臣表》載成“侍祠孝文廟，醉歌堂下曰‘出居安能鬱鬱’，大不敬，自殺”，與此異。

　　［211］【今注】韓説：韓頽當孫。任校尉隨衞青擊匈奴，至匈奴右賢王庭，以功封爲龍侯。後因獻酎金成色不足被削侯爵。後又

被任爲橫海將軍，擊破東越，以功封按道侯。武帝太初年間，任游擊將軍率兵屯駐五原郡，後爲光祿勳，奉命掘蠱太子宮，爲太子所殺。

［212］【今注】案，王先謙《漢書補注》據本書卷九七上《外戚傳上》，是年有宗正劉長樂，當書此處。

［213］【今注】案，王先謙《漢書補注》據本書卷九七上《外戚傳上》，是年有執金吾劉敢，當書此處。

［214］【今注】李壽：以新安令史得衛太子封侯，送海西侯擅出山長安界至高橋，又使史謀殺方士，不道，誅。

［215］【今注】田千秋：又作“車千秋”。傳見本書卷六六。

［216］【今注】案，王先謙《漢書補注》據本書《高惠高后文功臣表》，載終根武帝元鼎二年嗣侯，後二年，祝詛上，要斬。指出與下表魏不害代任太常之時相符。“十一年”當爲“三年”之誤。

［217］【今注】田廣明：傳見本書卷九〇。

［218］【今注】王訢：傳見本書卷六六。王先謙《漢書補注》據本傳，以爲“訢爲右輔都尉，守右扶風，武帝拜爲真。十餘年，至昭帝時爲御史大夫。訢自真除至御史大夫，止九年；傳云‘十餘年’，自守官時計之也。表失載守官年歲”。案，大德本此格無內容。

［219］【今注】金日磾：傳見本書卷六八。

［220］【今注】上官桀：隴西上邽（今甘肅天水市麥積區）人。武帝時，初爲羽林期門郎，後任未央廐令、侍中、騎都尉，遷太僕。武帝病篤，任爲左將軍，與霍光同受遺詔輔少主，封安陽侯。昭帝即位，其孫女被立爲皇后。後與大將軍霍光爭權，遂與御史大夫桑弘羊、帝姊鄂邑長公主及燕王旦合謀除光，並另立帝。事發覺，被族誅。

［221］【今注】魏不害：以圉守尉捕反者淮陽胡倩封侯，後曾將車騎材官士屯代高柳以備匈奴入寇。

［222］【今注】案，王先謙《漢書補注》以爲此處任太僕兼左將軍者爲上官桀。據本書卷九七上《外戚傳上》，武帝後元元年前文當書“太僕上官桀”，而表脫。

　　[223]【今注】郭廣意：王先謙《漢書補注》：本書卷六三《燕王旦傳》作"廣義"，又作"廣意"，"義"字誤。陳直《漢書新證》據《新唐書·宰相世系表》補證云："華陰郭氏，出自太原，漢有郭亭，亭曾孫光禄大夫廣智（智爲意之誤字），廣智生馮翊太守孟儒，子孫徙居馮翊。"又《金石萃編》卷九二《郭家廟碑》云："代爲太原著姓，漢有光禄大夫廣意，生孟儒爲馮翊太守，子孫始自太原家焉。"《郭家廟碑》爲顏真卿撰文，叙述郭氏先世，與《新唐書·宰相世系表》及本表均合。

　　[224]【今注】案，尚，大德本誤作"四"。　張安世：傳見本書卷五九。

　　[225]【今注】天水：郡名。治平襄縣（今甘肅通渭縣）。王莽：字稚叔。天水人。昭帝始元元年爲衛尉。武帝遺詔封金日磾、上官桀、霍光爲侯，皆以前捕反者功封。莽子忽侍中，揚言無遺詔封三子事。霍光切責莽，莽乃酖殺忽。後爲右將軍。

　　[226]【今注】案，洛，蔡琪本、大德本、殿本作"雒"，同。

　　[227]【今注】案，棄，大德本作"弃"。

　　[228]【今注】馬適建：字子孟。漢昭帝武都氐人反，曾以執金吾同龍頟侯韓增、大鴻臚廣明將三輔、太常囚徒平亂。　案，王先謙《漢書補注》以爲"任職"二字當衍。

　　[229]【今注】吕辟胡：王先謙《漢書補注》曰：本書卷七《昭紀》"辟"作"破"，本書卷九五《西南夷傳》與此同。

　　[230]【今注】雲中：郡名。治雲中縣（今内蒙古托克托縣古城村）。

　　[231]【今注】青州：西漢武帝所置十三刺史部之一。轄境約當今山東德州市、平原縣、高唐縣以東，河北吴橋縣及山東馬頰河以南，濟南、昌邑、高密、萊陽、棲霞、乳山等市以北地。　雋不疑：傳見本書卷七一。

　　[232]【今注】劉辟彊：事迹見本書卷三六《楚元王傳》。

　　[233]【顏注】師古曰：中，讀曰仲。【今注】膠西：郡名。

治高密縣（今山東高密市西南）。　　徐仁：丞相車千秋女婿。昭帝時任少府。治燕王劉旦獄，桑弘羊有罪當誅，其子遷逃匿於其父故吏侯史吳家，徐仁認爲吳非匿反者，乃匿隨者，不應以匿反治罪，乃赦吳。後侍御史秉霍光之意，劾其包庇謀反罪，被拘下獄。自殺。

[234]【今注】案，王先謙《漢書補注》以爲王莽若兼衛尉，依例當於第八格書“衛尉並右將軍”。今既遷官，則“將軍”下“衛尉”二字衍。

[235]【今注】車騎將軍：《漢書考證》齊召南指出，本書卷七《昭紀》、卷六八《霍光傳》並作“驃騎將軍”。

[236]【今注】田廣明：王先謙《漢書補注》以爲，本書卷七《昭紀》昭帝元鳳元年書“大鴻臚廣明”，據此表，知紀誤。

[237]【今注】王平：字子心。昭帝時以故廷尉持節行郡國，舉賢良。始元中益州外族叛漢，他任軍正與田廣明率兵擊益州，捕斬三萬餘人。後復任廷尉。元鳳中與少府徐仁治燕王謀反獄，他認爲桑弘羊之子桑遷藏於侯史吳家。吳非匿反者乃匿連坐者，不予治罪。爲此觸怒執政的大將軍霍光，令侍御史劾以縱反罪，拘捕下獄，被腰斬。陳直《漢書新證》：“直按：王平又見於霍光、杜周傳，皆作王平。惟《鹽鐵論·憂邊篇》云：‘故使廷尉評等，問人間所疾苦。’獨作王評，與表傳不同。”

[238]【今注】縱道：王先謙《漢書補注》以爲“道”是“首”之誤字。

[239]【今注】廟：孝文帝廟。

[240]【今注】楊敞：傳見本書卷六七。

[241]【今注】樊福：周壽昌《漢書注校補》曰：福爲丁外人射殺，見本書卷六七《胡建傳》。

[242]【今注】案，并，大德本作“年”。

[243]【今注】杜延年：傳見本書卷六〇。

[244]【今注】劉德：事迹見本書卷三六《楚元王傳》。

[245]【今注】趙充國：傳見本書卷六九。

　　[246]【今注】賈勝胡：王先謙《漢書補注》指出，事迹見本書卷六八《霍光傳》。

　　[247]【今注】范明友：霍光婿。初任羌騎校尉，率兵擊破益州與武都叛民，後任中郎將。昭帝元鳳中遼東烏桓反，任度遼將軍，率北邊七郡騎兵擊烏桓，有功封平陵侯。宣帝時任未央衛尉，又以度遼將軍與趙充國等擊匈奴。霍光死，削其兵權，徙爲光禄勳。後與霍禹等謀反發覺，自殺。

　　[248]【今注】蔡義：傳見本書卷六六。

　　[249]【今注】案，三，蔡琪本、殿本作“二”。

　　[250]【今注】案，平，蔡琪本、大德本、殿本作“年”，是。

　　[251]【今注】蘇昌：武帝時爲圉縣尉史。捕淮陽反者公孫勇等，封蒲侯。任太常，參與廢昌邑王事。

　　[252]【顏注】師古曰：以祕書借霍山。【今注】案，顧炎武《日知録》卷二七以爲顏説非。是指籍没霍山之書中有秘記，當密奏之，却以示人，故以宣泄罪之。本書卷六八《霍光傳》霍山坐寫秘書，顯爲贖罪。若山之秘書從昌借，則昌之罪不止免官。

　　[253]【今注】平原：郡名。治平原縣（今山東平原縣西南）。

　　[254]【今注】鉅鹿：郡名。治鉅鹿縣（今河北平鄉縣西南）。

　　[255]【今注】韋賢：傳見本書卷七三。　案，人，蔡琪本、大德本、殿本作“大”，是。

　　[256]【今注】沛國：疑爲沛郡，治相縣（今安徽濉溪縣西北）。

　　[257]【今注】十一月己丑：朱一新《漢書管見》據本書《外戚恩澤侯表》載敞以昭帝元鳳六年二月乙丑封，以爲此云十一月己丑爲丞相，敞以丞相侯，不應爲相在封侯後。此當作“二月乙丑”也。

　　[258]【今注】李光：王先謙《漢書補注》指出，光事迹見本書卷五一《路温舒傳》、卷六八《霍光傳》。

　　[259]【今注】田延年：傳見本書卷九〇。

［260］【今注】便樂成：以少府與大將軍霍光定立宣帝策，封爰氏侯。

［261］【今注】周德：王先謙《漢書補注》指出事迹見本書卷六八《霍光傳》。

［262］【今注】案，王先謙《漢書補注》以爲殿本"祈"作"祁"，是。大德本亦作"祁"。又沈欽韓《漢書疏證》以爲下脱"自殺"二字。

［263］【今注】韓增：一作"韓曽"。韓説之子。少時爲郎，父兄死事後，武帝復封爲龍侯。昭帝時官至前將軍，後與霍光定策迎立宣帝。宣帝本始中率兵三萬出雲中以攻匈奴。宣帝神爵中代張安世爲大司馬車騎將軍，領尚書事。謚安。

［264］【今注】延壽：王先謙《漢書補注》指出，事迹見本書卷六八《霍光傳》。

［265］【今注】案，錢大昭《漢書辨疑》以爲當補"水衡都尉并將軍"七字。

［266］【今注】案，王先謙《漢書補注》以爲據本書卷七六《趙廣漢傳》，是年趙廣漢守京兆尹，當書此處。

［267］【今注】案，尹，蔡琪本、殿本誤作"田"。

［268］【今注】宋疇：王先謙《漢書補注》以爲即本書卷八《宣紀》、卷六八《霍光傳》、卷八九《黃霸傳》、卷七八《蕭望之傳》中"宋畸"，此作"疇"，誤。

［269］【今注】魏相：傳見本書卷七四。

［270］【今注】后倉：傳見本書卷八八。　案，二年，蔡琪本作"三年"，殿本作"一年遷"。

［271］【今注】案，三年，蔡琪本同，殿本作"一年遷"。三年，殿本下有"遷"字。《漢書考證》齊召南以爲，監本"一年"訛"三年"，又脱兩"遷"字，從宋本補。但后倉、辟兵後文並無遷陟，則兩"遷"字或古本衍文。

［272］【今注】惡：王先謙《漢書補注》據本書卷六九《趙充

國傳》，充國擊匈奴，還爲後將軍、少府。據本書卷八《宣紀》，軍還應在宣帝本始三年。此不載充國爲少府而書少府惡，不可曉。或充國爲長信少府。

[273]【今注】于定國：傳見本書卷七一。

[274]【今注】穎川：郡名。治陽翟縣（今河南禹州市）。

[275]【今注】彭城：郡名。治彭城縣（今江蘇徐州市）。

[276]【今注】泗水：諸侯王國名。治凌縣（今江蘇宿遷市東南）。

[277]【今注】六安：諸侯王國名。治六縣（今安徽六安市北）。　朱山拊：朱買臣子。

[278]【今注】案，三，蔡琪本、殿本作“二”。

[279]【今注】霍禹：事迹見本書卷六八《霍光傳》。

[280]【今注】案，王念孫《讀書雜志·漢書第三》以爲“七月壬辰”十二字當在四年下。“七月”與上復，應爲四年七月。

[281]【今注】丙吉：傳見本書卷七四。

[282]【今注】延年：王先謙《漢書補注》以爲此嚴延年也，字長孫。

[283]【今注】任宮：昭帝時以上林尉捕殺謀反者上官桀，封弋陽侯。後遷爲太常，行衛尉事。

[284]【今注】朱邑：傳見本書卷八九。

[285]【今注】四年卒：王先謙《漢書補注》據本傳載邑宣帝神爵元年卒。當云“五年卒”，“四”字誤。

[286]【今注】龔遂：傳見本書卷八九。又王先謙《漢書補注》據本書卷七六《尹翁歸傳》，是年尹氏守右扶風。

[287]【今注】案，陳直《漢書新證》引《列女傳》卷五云：“馮翊王讓聞之，大其義，復其三子，而表其墓。”以爲當即此人，並可證明讓爲王讓。

[288]【今注】北海：王先謙《漢書補注》以爲“海”當爲“地”。

［289］【今注】蕭望之：傳見本書卷七八

［290］【今注】尹翁歸：傳見本書卷七六。

［291］【今注】廣意：陳直《漢書新證》指出本表景帝後元二年，即見中尉廣意，武帝後元二年，又見執金吾郭廣意免，前後任官有五十四年之久。郭廣意見本書卷六三《燕剌王劉旦傳》、《元和姓纂》、《新唐書·宰相世系表》、顔真卿撰《郭家廟碑》等處。現至宣帝元康二年，再見執金吾廣意，又經過二十三年，上溯景帝後二年之初見中尉廣意，距離七十七年，似非事實，當爲武帝時表文，被後人抄寫誤移於此。

［292］【今注】黃霸：傳見本書卷八九。

［293］【顔注】師古曰：中，讀曰仲。【今注】李彊：杜陵人。又曾任益州牧。

［294］【今注】馮奉世：傳見本書卷七九。

［295］【今注】楊惲：傳見本書卷六六。

［296］【今注】戴長樂：漢宣帝在民間時好友，宣帝即位，拔擢爲太僕。因泄露宣帝即位情節，爲人告發下獄。其疑是楊惲陷，亦上書告惲有誹謗朝廷罪，使惲以罪下獄。後宣帝不忍加誅，兩人均被免爲庶人。

［297］【今注】廣陵太守：王先謙《漢書補注》以爲時廣陵尚爲國，不得有太守。　陳萬年：傳見本書卷六六。

［298］【今注】張敞：傳見本書卷七六。

［299］【今注】案，王先謙《漢書補注》據本書卷六九《趙充國傳》，師還復爲後將軍衛尉。據本書卷八《宣紀》在是年，故復書後將軍。其兼官衛尉不書於表，應是他宮衛尉，非未央衛尉，下書衛尉忠，尤爲明證。

［300］【今注】案，二，蔡琪本、大德本、殿本作“七”。

［301］【今注】梁丘賀：傳見本書卷八八。

［302］【今注】韓延壽：傳見本書卷七六。

［303］【今注】韋玄成：傳見本書卷七三。

［304］【今注】許延壽：昌邑人。宣帝許皇后叔父。宣帝即位，任侍中光禄大夫，後封樂成侯。神爵中西羌反漢，任强弩將軍，輔助趙充國進伐西羌，羌人降服。後任大司馬車騎將軍輔政。

［305］【今注】五原：郡名。治九原縣（今内蒙古烏拉特前旗東南）。

［306］【今注】西河：郡名。治平定縣（今内蒙古伊金霍洛旗東南）。

［307］【今注】田聽天：陳直《漢書新證》引《隸釋》卷二〇《斥彰長田君碑》云：“先高祖時，以吏二千石，自齊臨菑，徙充關中。（上缺）祖字興先爲執金吾，弟颯漁陽太守。”以爲西漢田姓爲執金吾者，僅田聽天一人，碑文之田興先，當爲聽天之字。

［308］【今注】案，三，蔡琪本、殿本作“二”。

［309］【今注】案，二，蔡琪本、大德本、殿本作“一”。

［310］【今注】案，大，蔡琪本、大德本、殿本作“川”，是。

充郎：陳直《漢書新證》指出，元帝初元二年又有大司農充郎，前後係一人。據《漢印文字徵》有“上官充郎”“常充郎”兩印，可證本表充郎當爲人名，其姓已佚。又《居延漢簡釋文》有“俱起爨王充郎在宜穀”簡文。亦可證充郎之名在西漢極爲普遍。本書卷九九上《王莽傳上》云：“公孫戎位在充郎。”謂備充郎位也，則又爲命名之取義。

［311］【今注】鴈門：郡名。治善無縣（今山西右玉縣南）。

杜緩：事迹見本書卷六〇《杜周傳》。

［312］【今注】丙顯：王先謙《漢書補注》以爲丙吉子，當時已奪爵，“博”上當有“故”字。

［313］【今注】常憲：傳見本書卷七〇。

［314］【今注】金賞：金日磾子。爲昭帝侍中，共卧起。繼父爵爲秺侯，任奉車都尉。宣帝即位，任太僕。娶霍光女爲妻，霍氏陰謀未發，即上書去妻，後誅滅霍氏時免坐。元帝時爲光禄勳。

又，王先謙《漢書補注》據本書卷六八《金日磾傳》，以爲賞爲太僕在霍氏未反前，與此異。

[315]【今注】侯史：殿本作“侯侯史”。 史高：西漢魯國（今山東曲阜市）人。宣帝祖母史良娣兄史恭子。宣帝即位，以外戚侍中貴幸，因發舉霍禹謀反事，封樂陵侯。宣帝病，任爲大司馬車騎將軍，領尚書事。元帝即位，輔政五年，告老乞歸。死謚安侯。

[316]【今注】案，王先謙《漢書補注》以爲“光禄勳并將軍”六字當移前一格。

[317]【今注】王接：後仕人司馬車騎將軍，元帝永光三年四月薨。

[318]【今注】案，王先謙《漢書補注》以爲下闕文。

[319]【今注】劉更生：即劉向。傳見本書卷三六。

[320]【今注】水衡都尉：王先謙《漢書補注》曰：殿本有“馮奉世”三字。《漢書考證》云：“監本脱，從宋本補。”案，蔡琪本、大德本亦無“馮奉世”。

[321]【今注】太原：郡名。治晉陽縣（今山西太原市西南）。陳遂：王先謙《漢書補注》曰：游俠陳遵祖父。

[322]【今注】賞：王先謙《漢書補注》以爲非金賞。金賞由太僕爲光禄勳在元帝永光元年，此別是一人。

[323]【今注】案，昌，蔡琪本、殿本作“范”。

[324]【今注】案，三，殿本作“二”。

[325]【今注】案，王先謙《漢書補注》曰：“光禄勳蓋兼職未并，故周堪貶，金賞復爲光禄勳。”

[326]【今注】案，王先謙《漢書補注》以爲馮奉世未遷，不得復有一右將軍。本書卷七九《馮奉世傳》作“左將軍許嘉”，元帝永光三年表同，“右”字誤。

[327]【今注】周堪：傳見本書卷八八。

[328]【今注】李延壽：王先謙《漢書補注》以爲即本書卷七八《蕭望之傳》中李延壽。

［329］【今注】鄭弘：傳見本書卷六六。

［330］【今注】任千秋：弋陽侯任宮子。父死嗣侯，任太常。元帝永光中任奮武將軍，率兵助馮奉世擊隴西羌人。成帝時任右將軍轉左將軍。

［331］【今注】案，蔡琪本、殿本無“三年薨”三字。

［332］【今注】魏郡：治鄴縣（今河北臨漳縣西南）。　尹忠：後任御史大夫。成帝建始四年河決，不憂職，自殺。

［333］【今注】貢禹：傳見本書卷七二。

［334］【今注】薛廣德：傳見本書卷七一。

［335］【今注】劉彭祖：王先謙《漢書補注》以爲即嚴彭祖也，傳見本書卷八八。“劉”字誤。

［336］【今注】案，王先謙《漢書補注》以爲此下三格，因隔頁俱誤上一格。

［337］【今注】堯：王先謙《漢書補注》據本書卷七五《夏侯勝傳》，其孫堯爲司農，表不載夏侯堯，疑此是。

［338］【今注】歐陽餘：王先謙《漢書補注》，本書卷七三《韋玄成傳》作“歐陽地餘”，事迹見本書卷八八《儒林傳》。陳直《漢書新證》據《居延漢簡釋文》卷一有“永光四年，太醫令下少府中常方，少府餘、獄丞延”記載，以爲與表文正合，惟《儒林傳》作“歐陽地餘”。

［339］【今注】有皐自殺：錢大昕《廿二史考異·漢書一》以爲本書卷六六《鄭弘傳》及卷七五《京房傳》皆云“免爲庶人”。大臣有罪自殺例書於紀，今紀不書，是表誤。

［340］【今注】非調：朱一新《漢書管見》曰：調，見本書《溝洫志》。陳直《漢書新證》據《居延漢簡釋文》卷一有“書到相牛，大司農調，受簿編次”。同卷有“守大司農光禄大夫調昧死言，□□以東至西河十一農都尉，官調物錢穀糶”云云。又《漢印文字徵》有“非當之印”。此兩漢非姓之可考者，顏師古注《溝洫志》，謂大司農名非調，誤。木簡文云“守光禄大夫臣調”，在兩漢

官牘上，稱名不稱姓，尤爲明證。

［341］【今注】馮師王：當作“馮野王”。事迹見本書卷七九《馮奉世傳》。案，師，蔡琪本、大德本、殿本作“野”，是。

［342］【今注】王商：傳見本書卷八二。

［343］【今注】張譚：後又任太子少傅，遷御史大夫。

［344］【今注】匡衡：傳見本書卷八一。

［345］【今注】五慶充宗：當作“五鹿充宗”。字君孟。善梁丘《易》，長於辯口。漢元帝時官至少府，與宦者中書令石顯結爲黨友。石顯被黜後，亡遷玄菟太守。案，慶，蔡琪本、大德本、殿本作“鹿”，是。

［346］【今注】玄菟：郡名。治高句驪縣（今遼寧新賓滿族自治縣）。

［347］【今注】右扶風：王先謙《漢書補注》以爲下有闕文。

［348］【今注】光禄：錢大昭《漢書辨疑》以爲“光禄”下脱“勳”字。

［349］【今注】永：即于永。事迹見本書卷七一《于定國傳》。

［350］【今注】案，十，蔡琪本、大德本、殿本作“七”。

［351］【顔注】師古曰：繁（繁，殿本作“繁”），音蒲河反（河，蔡琪本、殿本作“元”）。【今注】案，繁，殿本作“繁”。王先謙《漢書補注》以爲作“繁”是。

［352］【今注】王鳳：字孝卿，西漢東平陵（今山東濟南市東）人。爲元帝皇后王政君兄。初爲衛尉，襲父爵陽平侯。成帝即位，以外戚爲大司馬大將軍，領尚書事。專斷朝政十一年。

［353］【今注】案，三，殿本作“二”。

［354］【今注】丙禹：丙吉中子。案，丙，蔡琪本、殿本作“王”。

［355］【今注】案，坐終南山盜賊多，不能擒制貶。

［356］【今注】案，三，蔡琪本、殿本作“七”。

［357］【今注】案，少，殿本作“太”。　張譚：朱一新《漢

書管見》指出，張譚即本書卷八一《匡衡傳》的"甄譚"。

[358]【今注】劉慶忌：劉德孫，曾舉薦谷永待詔公車。

[359]【今注】召信臣：傳見本書卷五九。王先謙《漢書補注》以爲本書卷八八《儒林傳》梁丘臨代五鹿充宗爲少府，此不載，而書召信臣爲少府，疑五鹿之後信臣之前，臨嘗任職，不久即免。又信臣本傳，信臣爲少府，以官卒，不云再徙官，"徙"爲"卒"字之誤。

[360]【今注】王章：傳見本書卷七六。

[361]【今注】案，三，殿本作"二"。

[362]【今注】騏侯駒普：沈欽韓《漢書疏證》以爲本書卷一七《景武昭宣元成功臣表》載駒幾孫爲氂侯崇與此異，未知孰誤。

[363]【今注】常山：郡名。治真定縣（今河北石家莊市長安區東古城村東垣故城遺址）。

[364]【今注】病免：王先謙《漢書補注》以爲本表成帝河平三年書"太僕王章爲右將軍"，疑"病免"字當作"遷"。

[365]【今注】蜀郡：治成都縣（今四川成都市）。 何壽：後爲大司農，爲蜀郡太守時曾賞識郡吏何武。

[366]【今注】浩賞：王先謙《漢書補注》以爲見本書卷七六《王尊傳》。又本書《五行志》載其爲兖州刺史時禁民私自立社。

[367]【今注】案，三，蔡琪本、殿本作"二"。

[368]【今注】河南太守：王先謙《漢書補注》指出本書卷七六《王尊傳》作"甄遵河內太守"，與此異。

[369]【今注】劉通：王先謙《漢書補注》以爲此又一劉通，非前爲宗正者。

[370]【今注】案，王先謙《漢書補注》以爲任千秋遷後，執金吾闕書。據本書卷六九《辛慶忌傳》，成帝初徵辛氏爲光禄大夫，遷左曹中郎將，至執金吾。以時考之，爲執金吾當在是年，應書此處。後坐子殺趙氏，左遷酒泉太守。

[371]【今注】案，主，蔡琪本、大德本、殿本作"王"，是。

[372]【今注】張忠：王先謙《漢書補注》曰：見本書卷七六《王尊傳》、卷七七《孫寶傳》。

[373]【今注】史丹：傳見本書卷八二。

[374]【今注】東平：諸侯王國名。治無鹽縣（今山東東平縣東）。案，王先謙《漢書補注》以爲本書卷八一《匡衡傳》載忠爲少府劾免丞相匡衡，衡以三年十二月免，是忠爲少府在三年十二月前，而表書四年下，或誤。

[375]【今注】王遵：傳見本書卷七六。

[376]【顏注】師古曰：中，讀曰仲。

[377]【今注】千乘：郡名。治千乘縣（今山東高青縣東南）。東萊：郡名。治掖縣（今山東萊州市）。

[378]【今注】案，周壽昌《漢書注校補》以爲本書《王子侯表下》載合陽侯平子安上嗣，成帝建始元年薨，無後。建始爲孝成初元，距此五年，不應有合陽侯，年與事必有一誤。

[379]【今注】王駿：事迹見本書卷七二《王吉傳》。

[380]【今注】范延壽：王先謙《漢書補注》曰：見本書卷八四《翟方進傳》。陳直《漢書新證》："直按：范延壽除見《翟方進傳》外，《太平御覽》卷二百三十一引謝承《後漢書》云：'范延壽宣帝時爲廷尉，時燕趙之間，有三男共娶一妻，生四子，長各求離別，爭財分子，至聞於縣，縣不能決斷，讞之於廷尉，於是延壽決之。以爲誖絶人倫，比之禽獸生子，屬其母以子並侍母，尸三男於市，奏免郡太守等，無師化之道，天子可其奏。'此事亦見《風俗通》，惟兩書以爲宣帝時人，則爲誤文。"

[381]【今注】漢中：郡名。治西城縣（今陝西安康市西北）。

[382]【今注】楚：諸侯王國名。治彭城（今江蘇徐州市）。時王爲宣帝子楚孝王囂。

[383]【今注】案，三，蔡琪本、大德本、殿本作"十三"。

[384]【今注】王咸：濟南人。王訴孫，王譚子，襲爵爲侯。其女爲王莽妻，莽諱娶同姓，遂以侯邑改爲宜春氏。莽新政權建立

後，宜春氏以外戚寵貴。莽敗，國絶。

[385]【今注】王臨：王接子。

[386]【今注】王音：東平陵人。元帝皇后王政君從弟。親附兄王鳳。鳳死代爲大司馬車騎將軍輔政，封安陽侯。輔政八年死。

[387]【今注】辛慶忌：傳見本書卷六九。

[388]【今注】張禹：傳見本書卷八一。

[389]【今注】韋安世：韋賢孫。

[390]【今注】案，二，蔡琪本、殿本作“三”；長，殿本誤作“旻”。

[391]【今注】金敞：事迹見本書卷六八《金日磾傳》。

[392]【今注】逢信：王先謙《漢書補注》指出信見本書卷八四《翟方進傳》。

[393]【今注】陳留：郡名。治陳留縣（今河南開封市東南陳留鎮）。　薛宣：傳見本書卷八三。　案，二，大德本、殿本作“三”。

[394]【顔注】師古曰：姓史，名柱國，字衞公也。

[395]【今注】案，勳，殿本誤作“甥”。

[396]【今注】苟參：王先謙《漢書補注》指出見本書卷七〇《陳湯傳》及卷六八《元后傳》。

[397]【今注】案，王先謙《漢書補注》以爲“四”當爲“一”。

[398]【顔注】師古曰：中，讀曰仲。

[399]【今注】杜業：杜陵人。杜緩子。嗣父爲侯，任太常。與丞相翟方進違，坐法免官。後爲函谷關都尉。曾上書斥外戚王氏專權，後左遷上黨都尉，並以選舉不實免官。

[400]【今注】王襄：王鳳子。

[401]【今注】劉慶忌：王先謙《漢書補注》以爲此又一劉慶忌，非前由宗正遷太常者。本書卷三六《楚元王傳》未嘗云慶忌復爲宗正。

［402］【今注】平都公主：漢元帝傅昭儀女。　遼東：郡名。治襄平縣（今遼寧遼陽市老城）。

［403］【顏注】師古曰：中，讀曰仲。【今注】東都：王先謙《漢書補注》以爲“東都”，當爲“東郡”。

［404］【今注】廬江：郡名。治舒縣（今安徽廬江縣西南）。趙增壽：王先謙《漢書補注》指出見本書卷七〇《陳湯傳》。

［405］【今注】案，二，蔡琪本、大德本、殿本作“一”。

［406］【今注】案，大德本此格無内容。

［407］【今注】張掖：郡名。治觻得縣（今甘肅張掖市西北）。案，大德本此格無内容。

［408］【今注】翟方進：傳見本書卷八四。

［409］【顏注】師古曰：中少府，皇后官。【今注】案，韓，大德本誤作“爲”。王先謙《漢書補注》以爲勳成帝永始二年遷光禄勳，任執金吾止二年，“四”字誤。

［410］【今注】陳咸：傳見本書卷六六。

［411］【今注】淳于長：傳見本書卷九三。

［412］【今注】案，王先謙《漢書補注》以爲《傳》不云淳于長免官。後遷衞尉仍稱侍中水衡都尉，是“免”當作“遷”。

［413］【今注】案，王先謙《漢書補注》引王先慎，以爲“乙巳”，本書卷一〇《成紀》作“己丑”。又“二月”當爲“三月”之誤。《成紀》載二月乙酉晦，則二月不當有丁酉。下格正作“三月丁酉”，尤爲明證。

［414］【今注】案，王先謙《漢書補注》引凌稚隆以爲翟方進二月任，十一月貶，居官八月。《漢紀》以爲“秋八月貶”，非。

［415］【今注】孔光：傳見本書卷八一。

［416］【今注】太僕：王先謙《漢書補注》以爲本書卷九七下《外戚傳下》，王襄嗣侯爲衞尉，不言爲太僕，此表可補此脱漏。

［417］【今注】平當：傳見本書卷七一。

［418］【今注】信都：郡名。治信都縣（今河北衡水市冀州

區）。陳直《漢書新證》以爲，宗正爲姓，子泄爲名，《元和姓纂》卷一有宗正氏。子泄爲長安人，疑本爲劉氏，因官宗正而得姓。

［419］【今注】朱博：傳見本書卷八三。

［420］【今注】師丹：傳見本書卷八六。

［421］【今注】陳慶：楊樹達《漢書窺管》：“陳慶見《翟方進傳》，彼云司隸校尉，表未及。”

［422］【今注】朔方：郡名。治朔方縣（今内蒙古杭錦旗東北）。

［423］【今注】犍爲：郡名。治鄨縣（今貴州遵義市西）。

［424］【今注】許商：字長伯，長安人。周堪弟子。治大夏侯《尚書》學。善曆算，著《五行論曆》，官四至九卿，弟子衆多。

［425］【今注】金城：郡名。治允吾縣（今青海民和回族土族自治區縣）。

［426］【今注】彭宣：傳見本書卷七一。

［427］【今注】案，陳直《漢書新證》據《陶齋吉金録》卷五有壽成室鼎文云：“元延二年，少府真爲内者造。”少府真當即龐真，與表文正合。據本表元延元年，龐真遷爲少府，綏和二年遷爲廷尉，又爲長信少府。《全後漢文》卷一四桓譚《新論》輯本云“九江太守龐真，桉縣令高受祭社釐生牛肉二十斤”云云。龐真在内調左馮翊之先，蓋曾官九江、河内二郡太守，本表與《新論》互有詳略。

［428］【今注】汝南：郡名。治上蔡縣（今河南上蔡縣西南）。

［429］【今注】尹岑：河東平陽人。尹翁歸少子。翁歸清廉，死無餘財。漢宣帝嘉賜岑兄弟黄金百斤。岑有父風，歷位九卿，官至後將軍。

［430］【今注】王根：字稚卿，西漢東平陵人。元帝皇后王政君弟。成帝時以帝舅封曲陽侯。後爲大司馬驃騎將軍，繼其兄王商輔政。歷五歲，以老辭職。哀帝立，遣就國。 案，票，殿本作“驃”。

[431]【今注】案，王先謙《漢書補注》據本書卷七六《尹翁歸傳》，以爲岑爲後將軍，時廉褒爲右將軍。岑薨後，朱博代之。此"右"爲"後"字之誤。

[432]【今注】昌陵：漢成帝廢陵，在今陝西西安市臨潼區東。

[433]【今注】案，王先謙《漢書補注》據本書卷一〇〇《叙傳上》，班伯此年亦爲水衡都尉，疑表脱漏。

[434]【今注】王安：杜陵（今陝西西安市東南）人。王商子。始以外戚貴幸，官至長樂衞尉、光禄勳。成帝時其父任丞相，與成帝舅大將軍王鳳不和，其父被譖自殺，諸子弟均外調，安得嗣侯位。平帝元始間，王莽專權，被迫自殺。

[435]【今注】太山：郡名。治博縣（今山東泰安市東南）。蕭育：事迹見本書卷七八《蕭望之傳》。

[436]【今注】廣陵：郡名。治梓潼縣（今四川梓潼縣）。案，蔡琪本作"廣漢"。 孫寶：傳見本書卷七七。 一年免：王先謙《漢書補注》據本傳，云"寶爲京兆尹三歲，京師稱之。淳于長敗，寶坐免"，是當作"三年免"。

[437]【今注】任宏：後爲執金吾，持節徵定陶王（漢哀帝），立爲皇太子。

[438]【今注】王嘉：傳見本書卷八六。

[439]【今注】谷永：傳見本書卷八五。

[440]【今注】案，大德本此格有"大山大守蕭育爲右扶風三年免"十三字。

[441]【今注】案，票，殿本作"驃"。

[442]【今注】七月：王念孫《讀書雜志·漢書第三》以爲"七月"當爲"十月"。《漢紀》《資治通鑑》皆作"十月"。

[443]【今注】趙玄：王先謙《漢書補注》以爲玄爲司農，表中不載，或疑即司農中丞。見本書卷八八《儒林傳》。

[444]【今注】王舜：東平陵人。王音子。父死襲爵安陽侯，與王莽善。哀帝死，莽執政，爲車騎將軍，迎立平帝，遷太保。王

莽居攝，爲太傅、左輔。莽稱帝，爲莽向元後索求玉璽。官至太師，封安新公，爲莽四輔之一。新莽三年病死。

［445］【今注】王臧：王先謙《漢書補注》以爲“臧”當作“咸”。

［446］【今注】甄豐：漢末爲泗水相，攀附王莽。平帝立，爲左將軍光禄勳、大司空，封廣陽侯。遷少傅，兼大司空、太阿、右拂、衞將軍。王莽稱帝後，改爲更始將軍，廣新公。因其子甄尋自作符命請以莽女漢平帝皇后爲妻，觸怒莽，自殺。

［447］【今注】薛宣：錢大昕《廿二史考異·漢書一》據本書卷八三《薛宣傳》，以爲此時任京兆者非宣，是宣弟薛修。不言“長信”，爲脱文。本書卷七二《鮑宣傳》載哀帝時郭欽奏免京兆尹薛修等，案哀帝以綏和二年四月即位，薛修任京兆在元年，一年貶，是正當哀帝時。

［448］【今注】十一月丁卯：王念孫《讀書雜志·漢書第三》以爲“十一月丁卯”，《漢紀》作“七月丁巳”，《資治通鑑》作“七月丁卯”。《通鑑考異》卷一云：“師丹若以十一月爲司馬，四月徙，不得以十月爲司空也。七月丁卯朔，無丁巳，《年表》月誤，《荀紀》日誤。”案，一，蔡琪本、大德本同，殿本作“二”。

［449］【今注】十月免：沈欽韓《漢書疏證》以爲該年左將軍再易，王咸不得任十月，“十”字誤。本書卷八六《師丹傳》云“哀帝即位，爲左將軍”，是哀帝四月即位，師丹任必在四、五月。《漢紀》在五月，至十月遷，正得五月，可知王咸無十月。

［450］【今注】傅喜：傳見本書卷八二。

［451］【今注】王能：王先謙《漢書補注》以爲“能”當爲“龔”。王龔爲衞尉，二月遷，與表合。又本書卷八八《儒林傳》有光禄勳王龔在哀帝時，而表不載，故知此“能”爲“龔”之訛。

［452］【今注】弘農：郡名。治弘農縣（今河南靈寶市北）。錢大昕《廿二史考異·漢書一》以爲“弘農”下脱“太守”二字。案，殿本有“太守”二字。

［453］【今注】吕寬：王莽長子王宇妻兄。宇以莽欲專朝政，隔絕平帝外戚衞氏，恐日後有禍，使寬夜持血灑莽宅，爲變怪驚懼莽。

［454］【今注】丁望：丁太后叔父。

［455］【今注】閻宗：王先謙《漢書補注》以爲"宗"當爲"崇"，見本書卷七二《王貢兩龔鮑傳》、卷九七下《外戚傳下》。案，蘭，蔡琪本、殿本作"蘭"。

［456］【今注】案，沈欽韓《漢書疏證》以爲是年執金吾三易，"六年"當爲"八月"。

［457］【今注】案，司，大德本同，蔡琪本、殿本作"山"。

［458］【今注】邴漢：王先謙《漢書補注》指出邴漢，琅邪郡人，見本書卷七二《龔勝傳》。

［459］【今注】案，博，大德本同，蔡琪本、殿本作"傅"，是。

［460］【今注】案，王先謙《漢書補注》指出，哀帝欲令外戚丁、傅處爪牙官，故以此爲藉口免之，見本書卷七一《彭宣傳》。

［461］【今注】案，王先謙《漢書補注》曰：梁相見本書卷七二《龔勝傳》。本書卷八六《王嘉傳》云"免爲庶人"，與此異。

［462］【今注】左咸：王先謙《漢書補注》指出，左咸，琅邪郡人，見本書卷八八《儒林傳》。

［463］【今注】案，湯，大德本同，蔡琪本、殿本作"陽"，是。

［464］【今注】中尉趙玄：王先謙《漢書補注》以爲，表前文趙玄任中少府，此則云中尉趙玄。時中尉更名執金吾，作"中少府"是。

［465］【今注】公孫禄：哀帝時爲左將軍，與前將軍何武善。哀帝死，元后引王莽入宮，收大司馬董賢印綬，下令有司推舉大司馬人選。孔光等舉莽，他與武相謀，認爲不宜使外戚秉政，武、禄互舉任大司馬。元帝終用莽爲大司馬。莽忌恨，令臣屬劾奏武、禄兩人互舉，皆免官。王莽稱帝後，復召禄入朝問鎮壓地方反叛方略，旋遣出。

［466］【今注】案，三，殿本作"四"。

［467］【今注】丁憲：王先謙《漢書補注》指出憲爲丁太后叔父。

［468］【今注】案，王先謙《漢書補注》以爲“申”當作“由”。本書卷四七《文三王傳》亦作“大鴻臚由”。

［469］【顏注】師古曰：中，讀曰仲。

［470］【今注】王崇：事迹見本書卷七二《王吉傳》。

［471］【今注】二年免：錢大昕《廿二史考異·漢書一》據本書卷八六《何武傳》，武、禄免在哀帝元壽三年，據此四歲。表云“二年免”，誤。案，二，殿本作“一”。

［472］【今注】二年遷：王先謙《漢書補注》以爲王崇哀帝元壽三年遷衞尉，此處當書“四年遷”。

［473］【今注】毋將隆：傳見本書卷七七。

［474］【今注】左威：王先謙《漢書補注》：“威”當爲“咸”。

［475］【今注】一年遷：王先謙《漢書補注》以爲本書卷八一《孔光傳》載“御史大夫賈延免”，不云遷。“遷”當爲“免”之誤。

［476］【今注】董恭：雲陽人。董賢父。初任御史，爲御史大夫孔光屬吏。董賢受哀帝寵幸，遂被擢爲少府，賜爵關内侯，給食邑，遷爲衞尉。其女亦被立爲昭儀。哀帝死，賢被逼自殺，恭免官，舉家謫徙合浦。

［477］【今注】龔勝：傳見本書卷七二。

［478］【今注】案，四月，大德本同，蔡琪本、殿本作“正月”。

［479］【今注】票騎大將軍：周壽昌《漢書注校補》以爲“票騎”下衍“大”字，是。案，票，大德本誤作“馬”，殿本作“驃”。

［480］【今注】傅晏：河内温縣人。哀帝祖母傅太后從父弟。女爲哀帝皇后。封孔鄉侯，任大司馬衞將軍。詔附傅太后，與朱博相結，奏免丞相孔光、大司馬傅喜與大司空師丹。爲彭宣等劾奏，被削減爵户。後坐亂妻妾免爵，徙合浦。

［481］【今注】案，王先謙《漢書補注》以爲何武徙前將軍，

"免"當爲"徙"。

[482]【今注】馬宮：傳見本書卷八一。

[483]【今注】一年遷：王先謙《漢書補注》以爲弘譚自衛尉爲大司農是貶官，不當云"遷"。

[484]【今注】案，王先謙《漢書補注》："一月"下脫文。

[485]【顏注】師古曰：中，讀曰仲。

[486]【今注】案，蔡琪本有"二"字。

[487]【今注】韋賞：鄒縣人。韋賢孫，韋弘子。明魯《詩》，哀帝爲定陶王時任太傅。哀帝即位，以舊恩爲大司馬車騎將軍，賜爵關内侯，食邑千户，年八十餘卒。

[488]【今注】董賢：傳見本書卷九三。

[489]【今注】案，周壽昌《漢書注校補》曰："孝哀崩於元壽二年，無三年。各書參核皆同。下書董賢、彭宣皆二年事。檢影景祐本、乾道本、汪本俱是二年，無三年。此傳刊之誤。近見康熙己卯何煌對校宋本，乙去橫格上'二'字，以其事係之元年，改此'三'字爲'二'。皆可據證。"蔡琪本作"三"。

[490]【今注】乙未：周壽昌《漢書注校補》以爲本書卷一一《哀紀》六月戊午帝崩，帝崩後董賢即被收自殺。"乙未"或是"己未"之誤。

[491]【今注】王惲：本書《外戚恩澤侯表》云"以太僕與閻遷、陳崇等八人使行風俗齊同萬國功"封常鄉侯。

[492]【今注】案，二，殿本作"三"。

[493]【今注】甄邯：孔光女婿。西漢末任氂令，平帝時攀附王莽，遷侍中奉車都尉、封承陽侯。王莽居攝，爲太保，任大將軍領全國兵，鎮壓翟義。王莽稱帝，爲大司馬、封承新公。王莽始建國四年（12）病死。

[494]【今注】蕭咸：事迹見本書卷七八《蕭望之傳》。

[495]【今注】宗伯鳳：哀帝時官少府。平帝即位，王莽欲以女爲平帝后，太后遣伯鳳等納采。王莽即位後以爲太子傅丞，在四

師之列。

[496]【今注】趙恢：王先謙《漢書補注》指出，本書卷八四《翟義傳》有車騎將軍趙恢，未知是否即此趙恢。

[497]【今注】金欽：事迹見本書卷六八《金日磾傳》。

[498]【今注】案，一月，蔡琪本、殿本作“六月”。

[499]【今注】案，王先謙《漢書補注》以爲“病免”上“爲”字衍。

[500]【今注】案，王先謙《漢書補注》以爲“府”當作“傅”。

[501]【今注】張宏：張禹子。

[502]【今注】撟仁：當作“橋仁”。戴聖弟子，見本書卷八八《儒林傳》。案，撟，大德本同，蔡琪本、殿本作“橋”。

[503]【今注】幸成：王先謙《漢書補注》以爲本書卷六九《辛慶忌傳》載辛茂爲水衡都尉，表不載。史無幸姓，“幸成”或是“辛茂”之訛。

[504]【今注】案，蔡琪本、大德本無“牧”字。

[505]【今注】案，成，蔡琪本、殿本作“城”，是。　劉岑：沈欽韓《漢書疏證》指出爲陽城侯劉慶忌子。

[506]【今注】案，本書卷七七《何並傳》載鍾元爲尚書令，領廷尉，用事專權。陳直《漢書新證》以爲平帝元始四年又有京兆尹鍾義，兩鍾雖無考，必爲潁川長社人。《後漢書》卷六二《鍾皓傳》所謂世爲潁川著姓者。

[507]【今注】王駿：錢大昕《廿二史考異·漢書一》以爲此別一人，非成帝時王駿。

[508]【今注】案，沈欽韓《漢書疏證》據本書卷八一《馬宮傳》載，馬宮代孔光爲太師兼司徒官，大司馬乃王莽，表誤。案，司馬，蔡琪本、殿本作“司徒”。

[509]【今注】平晏：扶風平陵人。平當子。以明經歷位大司徒，封防鄉侯。

［510］【今注】案，陳直《漢書新證》指出，本表哀帝元壽二年長樂衞尉王惲子敬爲太僕，五年遷，王惲當爲任惲之誤字，見《後漢書》卷八一《獨行傳》。

［511］【今注】案，大德本同，蔡琪本、殿本"尹"後有"咸"字。尹咸，汝南人。尹更始子，傳父《左氏》學，官大司農。成帝時，爲丞相史，以能治《左氏》，與劉歆共校經傳。並以太史令校數術。

［512］【今注】案，大德本同，蔡琪本、殿本"尹"前有"爲京兆"三字。

［513］【今注】案，左，殿本誤作"右"。